Franz Schwald

Geschichten & Gedanken

Liebe Elfriede und
 lieber Günter,

Euch widme ich zum heutigen
Geburtstag von Elfriede mein
erstes Buch.
Habt Freude an der Lektüre

Ines

10. 4. 10

Franz Schwald

Geschichten
& Gedanken

Bernardus 2009

Impressum

© 2009

 by Bernardus-Verlag
Alle Rechte vorbehalten
Titelgestaltung:
Druck & Verlagshaus Mainz GmbH

BERNARDUS-VERLAG
Büro: Abtei Mariawald
52396 Heimbach/Eifel

Tel.:   0 24 46 / 95 06 15
Fax.:   0 24 46 / 95 06 15

Zentrale: Verlag MAINZ
Süsterfeldstraße 83
52072 Aachen
Internet: http://www.verlag-mainz.de
e-mail: bernardus@verlag-mainz.de

Illustrationen
Franz Schwald, Archiv F. Schwald, Archiv Verlag (Fotos)

Druck
Druck & Verlagshaus Mainz GmbH
Süsterfeldstraße 83
52072 Aachen

ISBN-10: 3-8107-9297-7
ISBN-13: 978-3-8107-9297-6

»Gib jedem Tag die Chance,
der schönste deines Lebens zu werden.«

(Mark Twain, 30. November 1835 – 21. April 1910)

Inhalt

Vorwort

Meine Frau und die drei Töchter verstehen es, mich immer wieder zu überraschen. Ich hatte keine Ahnung davon, dass sie Texte aus meinen in den letzten Jahren entstandenen Arbeiten auswählten, um sie mir in gebundener Form zu schenken. Die Gestaltung des Buches und die inhaltliche Gliederung verdanke ich ihnen. Zum jetzigen Zeitpunkt hatte ich nicht an eine Veröffentlichung gedacht. Meine Familie und viele Freunde ermutigten mich, meine Zurückhaltung aufzugeben. So hoffe ich, dass die vorgelegten Texte in dankenswerter Zusammenarbeit mit dem Bernardus-Verlag einen erweiterten Leserkreis anregen und erfreuen.

In dem Essay »Einheit und Vielfalt« verweise ich auf meine Motive zur literarischen Arbeit und die sie begründenden Wertvorstellungen. Danach folgt eine Auswahl meiner Gedichte und Erzählungen. Ich danke allen Menschen, die meinen Lebensweg begleiteten und mich vielfältig unterstützten.

Oppenweiler, den 6.10.08

Franz Schwald

Das Schreiben

Einheit und Vielfalt

Vor zwei Jahren habe ich mich nach einem erfüllten Berufsleben in den Ruhestand begeben. In der Ruhe und Stille meiner darauf folgenden Tagesabläufe stellten sich mir vor allem zwei wesentliche Aufgaben. Zum einen in der Begegnung mit einem Universum innerer Erfahrungen und Möglichkeiten, die mir jeweils wichtigen Interessen und Bedürfnisse auszuwählen. Gleichzeitig im Blick auf reale Grenzen von Zeit und Gesundheit, aus der Vielfalt äußerer Optionen die wünschenswerten Beziehungen zu Menschen, Natur, Politik, Wissenschaft und Religion neu zu definieren. Die Vielfalt und Komplexität des frei gewordenen Handlungsspielraums faszinierten und weckten zugleich Ängste. In diesem Essay versuche ich, die Tendenz, in der Vielfalt innerer und äußerer Phänomene eine Einheit zu wahren, als einen unbedingten inneren Anspruch auszuweisen. Der Vernunft den ihr traditionell gebührenden weiten Erkenntnisraum zu sichern, um in einen offenen Dialog mit allen Bedingungen des Daseins treten zu können. Den Blick auf die Lebensabläufe nicht nur rein naturwissenschaftlich zu verengen. Sich mit anderen Menschen über die komplexen existenziellen Bedingungen einer humanen Lebenspraxis zu verständigen.

Seit ich selbständig zu denken vermag, bewegt mich die Frage nach den Voraussetzungen und Zielen menschlichen Handelns, den Kräften, die unser bisheriges, gegenwärtiges und künftiges Leben bewegen. Unablässig frage ich mich nach meinem Standort und den Aufgaben der nächsten Jahre in diesem Prozess innerer und äußerer Veränderungen. Wer bin ich eigentlich, welche Erfahrungen und Reaktionen bestimmen mein heutiges Verhalten und welche Handlungsweisen erweisen sich als sinnvoll, um an der Aufrechterhaltung eines menschenwürdigen Daseins mit zu arbeiten. Immer drängender stellt sich zum Beispiel die Frage, was der eigentliche Grund sein könnte, dass ich mit zurückliegenden und aktuellen Lebensereignissen in literarischer Form mit anderen Menschen in Kontakt trete. Ein inneres Bedürfnis, dass in dieser Form im beruflichen Alltag nicht befriedigt werden konnte.

Was veranlasst mich, das Schweigen zu brechen, bislang Unausgesprochenes sprachlich festzulegen, um mich mit anderen Menschen über Sachverhalte auszutauschen, so wie ich es eben jetzt in der Form eines Essays versuche? Obwohl ich davon ausgehe, dass andere Menschen, ob sie darüber reden oder nicht, ähnliche Erfahrungen machen, trete ich mit einer gewissen Befangenheit mit meinen Erkenntnissen ins Licht der Wahrheit und in die öffentliche Diskussion.

Gleichzeitig frage ich mich, was Menschen in Wissenschaft, Forschung und Politik im Grunde antreibt, ständig neue und bessere Konzepte und Instrumente zur Daseinsbewältigung zu konstruieren und gesellschaftliche, kulturelle und historische Zusammenhänge besser zu verstehen? Was drängt uns, nicht nur individuelle, sondern uns alle betreffende Zusammenhänge zu betrachten und in einem wissenschaftlichen Diskurs offen zu legen? Was hält den Prozess, die äußeren Daseinsbedingungen besser zu verstehen und Mittel zur Daseinsbewältigung zu erfinden, in Grundlagenforschung, Wirtschaft, Politik, in allen Bereichen der Natur- und Geisteswissenschaften, in Kunst und Religion in Gang?

Welche Bedeutung hat dies alles für unser Leben und die damit verbundenen Aufgaben? Was treibt mich und uns an, dieses komplexe Geschehen im Mikro- und Makrokosmosbereich, das wir Menschen mit allen Lebewesen teilen, wenigstens partiell zu verstehen? Ich möchte nicht dem Trend erliegen, der weitgehend die »exakten« Wissenschaften« bestimmt, und die Frage nach Ursache und Ziel dieses Prozesses im Ganzen als überflüssig ausblenden. Die Vernunft vermag in der Sicherheit der langen Traditionskette von der Antike über das Mittelalter bis in unsere Zeit angesichts der Frage, warum gibt es dies und nicht nichts, nicht zu schweigen.

Sie muss ohne Letztbegründung nach Spuren im Dasein fahnden, die eine sinngebende, letztlich alles gewährende, tragende und erhaltende Kraft erhellen können, um die humanen Bedingungen menschlicher Existenz zu sichern. Solche Spuren möchte ich in diesem Essay verfolgen.

Kehren wir an dieser Stelle zur Grundfrage zurück: Es scheint, wenn ich das richtig sehe, eine Kraft in uns selbst zu geben, die uns drängt, uns mit dem Geschick aller Menschen und Ereignisse unbedingt zu verbünden. Sie scheint alle Bereiche des individuellen und gesellschaftlichen Lebens in der gesamten historischen Dimension, selbst die unserem Bewusstsein partiell verschlossenen Lebenserfahrungen zu umfassen. Daseinsbedingungen, in denen wir uns vorfinden, die wir mit anderen Menschen und Lebewesen teilen, die sich in einem steten Wandel befinden. Wir alle stehen auf den Schultern unserer Vorfahren und profitieren vom Wissen und den Erfahrungen von Menschen im Kontext der ganzen Geschichte. Selbst wenn wir die menschliche Geschichte der Komplexität wegen oder um Abhängigkeiten zu leugnen aus unserem Bewusstsein verdrängten, blieben wir von den Wirkungen dieses Prozesses nicht verschont.

Lassen sich Spuren in unserer Erfahrung sichern, mit Hilfe derer der oben beschriebene Prozess präziser bestimmt werden kann? Besteht eine Möglichkeit, näher zu bedenken, was mein und anderer Menschen Denken, Fühlen und Handeln antreibt, die inneren und äußeren Lebensräume und das Dasein im Ganzen zu sichten? Welche Methoden und Ausdrucksmittel sind geeignet, um als Menschen in dieser komplexen, sich stets verändernden inneren und äußeren Welt unser Dasein verantwortlich zu gestalten? Im Hinblick auf die Mannigfaltigkeit der Phänomene erfahren wir bei dem Versuch, unser Dasein in den fortwährenden Veränderungen zu begreifen, immer wieder schmerzlich unsere Grenzen.

Woher kommt der fast übermenschliche Mut, der uns in Solidarität mit anderen Menschen verpflichtet, den Herausforderungen der Wirklichkeit auch angesichts von Leid und Katastrophen zu begegnen. Was drängt Literaten und Künstler dazu, dem Lebenskontext auf der Spur zu bleiben, um die Phänomene in angemessener Form ins Wort zu fassen. Was lässt uns immer wieder unsere Angst und Mutlosigkeit überwinden, um dieser überfordernden Vielgestaltigkeit des Lebenskontextes auf menschenwürdige Weise zu begegnen?

Versuchen wir, uns in einer weiteren Überlegung dieser Antriebskraft, so weit es die begrenzten Möglichkeiten der Vernunft und Sprache erlauben, ein wenig zu nähern: Da sich dies als ein schwieriges Unternehmen darstellt, zumal ich nicht einfach übernehmen will, was andere dachten und sagten, halte ich Ausschau nach Weggefährten, die mich bei diesem Vorhaben ermutigen. Ich suche nicht nur den historischen Nachlass in den Werken der Forschung, Literatur, Kunst etc. sondern trete mit den Menschen neben mir oder vor mir, die sich im geschichtlichen Prozess, ähnlich angetrieben wie wir heute, in den Dienst der guten Sache stellten, in einen lebendigen Austausch.

Was von mir bedacht und ins Wort gebracht wird, sollte in einem offenen Dialog eben in der Form dieses Essays vorgestellt und damit kritisch gesichtet und überprüft werden können. Es verbietet sich daher, nur mir selbst einen Spiegel vor zu halten, um Erkenntnisse über mein eigenes Denken, Fühlen und Handeln zu gewinnen. Die eigenen Erfahrungen sollten vielmehr im Austausch mit anderen Menschen dazu dienen, Spuren zu sichern, um die Frage nach der Antriebskraft unseres Verstehens und Erkennens wach zu halten. Wichtig scheint mir auch, zu zeigen, auf welch vielfältige Weise ich mich mit anderen Menschen und Lebewesen in den sich wandelnden Daseinsbedingungen verbunden fühle.

In einem nächsten Schritt gilt es nun, die Richtung der Antriebskräfte näher zu bestimmen: Nach einer ersten phänomenologischen Analyse erweist sich das Drängen, Lebenszusammenhänge zu verstehen, als eine Wirkmächtigkeit, die sich aus den Tiefen existenzieller Betroffenheit erhebt und in uns bemerkbar macht. In diesem ersten, ursprünglichen Sinne ist sie einfach nicht weg zu denken. Sie wirkt offensichtlich in und durch uns, ob wir schlafen oder wachen. Gleichzeitig erscheint sie unserem inneren Blick wie aus unfassbaren Quellen gespeist. Das heißt, wir sind durch sie angetrieben, ihrer selbst aber nicht mächtig. Dieser Antrieb erscheint als eine unser Denken, Fühlen und Handeln im Ganzen bestimmende Größe. Er begründet einen ständigen existenziellen Prozess des Dialoges mit den Mitmenschen und Daseinsbedingungen, der alles, was es gibt, vorantreibt. Er drängt uns unablässig, die ganze Mannigfaltigkeit des Lebens so miteinander zu verbinden, dass nichts endgültig verloren gehen soll. Diese Kraft fordert nachdrücklich, dass wir uns nicht nur mit einigen Details, sondern mit dem ganzen menschlichen und persönlichen Erleben befassen und unsere gesamte Erfahrung in einer liebenden Zuwendung gelten lassen. Ihr eignet insofern ein Drängen nach Wahrhaftigkeit. Wir sind es selbst. Alles was wir von uns und unserer Lebensgeschichte überblicken, auch das, was sich unserem Bewusstsein verschließt, gehört unbedingt zu uns.

Dieser Antrieb führt in einer ebenso beständigen Außenwendung dazu, uns denkend, handelnd, fühlend und entscheidend, aktiv in die realen Lebens- und Erlebenszusammenhänge einzubringen. Hier ist wieder das Bemühen zu erkennen, die Vielgestaltigkeit gesellschaftlicher, wissenschaftlicher und politischer Phänomene im historischen Kontext zu erfassen. Und es stellt sich die Frage, was dieses Drängen, die Zusammenhänge zu verstehen, in Gang hält und was die Richtung dieses ganzen Prozesses bestimmt. Es ist auch zu klären, was uns Menschen zum verantwortungsvollen Engagement in diesem Gewirke veranlasst.

Was ist diese bestimmende Größe, die danach drängt, das gesamte äußere und innere Daseinsgeschehen in einer Einheit zusammen zu halten? Verdanken wir doch dieser Antriebskraft schließlich die Gewissheit, dass wir selbst es sind, die von ihr angestoßen als Zentrum unseres eigenen Lebens und Wirkens einen Beitrag in diesem Spiel leisten. Insofern bleiben wir letztlich in allen Abhängigkeiten die verantwortliche Mitte für unser Tun und Streben. Niemand kann uns die Verantwortung abnehmen und unseren Platz einnehmen. Es scheint insofern geboten, eine von uns nicht geschaffene Kraft, die darauf drängt, alles, was es gibt, und alles, was die Innen und Außenerfahrungen bewegt, unbedingt zu respektieren. Selbst wenn wir versuchten, schmerzliche Prozesse unserer Lebensbedingungen aus unserem Bewusstsein auszuschließen, sind wir dennoch von allen biologischen, politischen und psychischen Zuständen unserer Existenz betroffen. Die Antriebskraft drängt uns auch, die entwicklungs- und altersbedingten Veränderungen unseres Lebens anzunehmen, den Tod zu bejahen und uns mit der Frage des Sinnes menschlicher Existenz über das Lebensende hinaus zu befassen.

Das Erste, was ich in einem Resümee des oben Gesagten ausdrücken möchte, ist ein umfassender Dank an das Leben in all seiner Vielfalt. Er gilt in besonderer Weise meiner Familie, die im südlichen Schwarzwald, dem Hotzenwald, und in Bayern wurzelt. Der Region um meine Heimatstadt Rheinfelden, in der ich lebe lernte und der Muttersprache, dem badischen Dialekt, der mich in besonderer Weise begleitet. Dank auch den Jugendfreunden, Klassenkameraden, Frauen und Männern, die meine Kindheit und Jugendzeit wohlwollend begleiteten und den ehemaligen Kollegen einer Bauunternehmung, mit denen ich über Jahre als Baukaufmann zusammen arbeitete. Dank an die Heimatstadt, der ich als Stadtrat einige Jahre dienen durfte. Dankbarkeit gegenüber den Priestern und redlichen Gläubigen, die mich in einen katholisch weiten Erfahrungsraum hinein führten. Dank den Lehrern der Heimschule Lender, die mir halfen, das Abitur in der humanistisch-altsprachlichen Form nachzuholen, der Leitung des Spätberufenenseminars St. Pirmin und den Menschen der schönen mittelbadischen Region um Sasbach. Dankbar erinnere ich mich an Begegnungen mit Vorstehern und Studenten im Collegium Borromaeum, an die Professoren der Uni Freiburg, und das anregende Studium der Philosophie und Theologie. Dank der Stadt Münster in Westfalen mit dem Prinzipalmarkt und Dom, die mir im weiteren Verlauf meines Studiums der klinischen Psychologie zur zweiten Heimat wurde. Innigen Dank den Menschen, die mir beim Studienwechsel zur Psychologie verständnisvoll und hilfreich zur Seite standen. Den Chefs und Mitarbeitern im Westfälischen Landeskrankenhaus Münster, die mir immer angemessene und herausfordernde Aufgaben stellten sei ebenfalls Dank gesagt. Dankbare Erinnerung gilt unseren Freunden in Münster. Dank auch den Menschen, die mir die psychologische Leitung einer Klinik für Alkohol- und Medikamentenabhängige über Jahre anvertrauten. Dank vor allem meiner geliebten Frau und meinen Kindern, die mich in den Studien- und Berufsjahren und danach hilfreich begleiteten. Dank an die vielen Kollegen und Therapeuten, denen ich eine fundierte Ausbildung zum Diplompsychologen für klinische Psychologie und zum Psychologischen Psychotherapeuten verdanke. Dank auch den vielen Patienten, mit denen ich zwanzig Jahre in eigener Praxis zusammen arbeiten durfte. Besonderer Dank aber gilt meinem geliebten Oppenweiler, den Bergen, Wäldern, und Feldern der Umgebung, den Bauern und fleißigen Nachbarn, die mir zur Heimat wurden. Dank dafür, dass ich in meinem ganzen Leben tragfähige Beziehungen zu vielen Menschen erleben durfte, die mich bis zum heutigen Tag in Freud und Leid angehen, mit denen ich mich im gesellschaftlichen, politischen und kirchlichen Raum engagiere.

Hier taucht sie wieder auf, die oben gestellte Frage, woher dieser elementare Dank an das Leben komme. Was mich nötigt, diesen Dank nicht für mich zu behalten sondern anderen Menschen mitzuteilen. Worin gründet diese umfassende Dankbarkeit? Zeigt sich hierin nicht auch der Wunsch, dass nichts von all dem Vielen verloren gehen sollte. Eine Tendenz zur Einheit in der Vielheit? Eine Tendenz, die alle Erfahrungen im Innern und Äußern einholt, die Unterschiede toleriert und den liebenden Daseinsbezug nicht preisgibt.

Meine Dankbarkeit gilt auch all den Menschen, die sich in Wissenschaft und Forschung, im Arbeitsleben und politischen Umfeld exponieren und unser Verständnis der Daseinsbedingungen ständig erweitern. Sie gilt ebenso den Künstlern, Musikern Literaten, die sich nicht mit dem exakt Messbaren zufrieden geben und die Frage nach dem Sinn des Ganzen, den ins Leben verwobenen Geheimnissen, die Frage nach dem Ziel unseres Daseins und den Gründen aller Bewegung wach halten. Er gilt den Vertretern aller Religionen, insbesondere der christlichen Tradition, die mit unserer abendländischen Geschichte aufs innigste verwoben ist.

Ich habe oben die Frage nach den angemessenen Methoden zum wissenschaftlichen Austausch über die vielfältigen menschlichen Erfahrungen angesprochen. So sehr meine Vernunft die Auseinandersetzung mit den Befunden empirischer Forschung in ihrer Eigenständigkeit einfordert und unbedingt bejaht, so sehr wehrt sich dieselbe Vernunft gegen ein Monopol der Naturwissenschaft zu Lasten anderer zur Begründung einer humanen Lebensführung angebotener geisteswissenschaftlichen, philosophischen und theologischen Erklärungsmodelle.

Alles, was ich bislang zu sagen versuchte, ist im exakt messbaren Raum des Weltverständnisses entbehrlich. Darüber denken viele Menschen nicht mehr nach. Was ginge uns aber verloren, wenn wir in der Forschung, den Familien, im Staat und in den internationalen Verflechtungen die Postulate verantwortlicher Humanität zerstörten?

Ist die in vielfältiger Form oben besprochene Tendenz zur Einheit in der Vielfalt das aus unfassbaren Quellen gespeiste Nachdenken nichts mehr wert? Verdrängen wir dadurch nicht eine wesentliche menschliche Fähigkeit, an der Frage nach dem Sinn und Ziel allen Daseins von Geburt bis zum Tod und darüber hinaus zu reifen? Begründet die Frage nach den Ursachen und dem Ziel der ganzen Daseinsbewegung, die aus unfassbaren Quellen fließt, nicht endlich wahre Humanität, die jeglichem Hochmut eine Grenze setzt.

Ich schließe mit einer theologischen Reflexion: In der auf das Ganze geöffneten katholischen Tradition findet sich ein Modell wahrer Einheit in der Vielfalt. Wir sprechen staunend von der Verschiedenheit von Vater, Sohn und Heiligem Geist in der Einheit eines Wesens in liebend ewigen Austausch. Es gibt den Sohn, den wir Herrn nennen, nicht ohne den Vater und den Heiligen Geist und umgekehrt. Demnach eine liebende Einheit in dreifaltiger Verschiedenheit.

Muss es uns da wundern, dass wir als wahre Söhne und Töchter des dreifaltigen Gottes in uns ein Drängen nach Einheit verspüren, das die Verschiedenheit in allen Daseinsbereichen zusammenliebt. Könnte das in diesem Essay beschriebene Drängen nach Einheit in der Vielheit etwa Ausdruck in uns eingesenkter Gottebenbildlichkeit sein? Ist es daher sinnlos oder entbehrlich, wenn ich im Geiste einer langen Tradition, obwohl meine Aussagen nicht exakt messbar sind, darauf aufmerksam mache, dass es in uns, um uns und über uns geheimnisvolle Zeichen gibt, die uns mahnen, uns nicht zu Göttern der Machbarkeit zu erheben, sondern die wesentlichen Kräfte und Quellen unserer Existenz einem Grund und Schöpfer zu verdanken, der alles Mühen der Vernunft um Einheit in der Vielfalt begründet. Vielleicht ist in meinem Versuch, zu sprechen, auch zu spüren, dass ich die Hoheit des dreifaltigen Gottes nicht für ein anthropologisches Denksystem vereinnahme, sondern die über alles Denken hinausreichende Andersartigkeit Gottes verteidige, dessen liebendes und erhaltendes Wirken uns aber oft erst im Nachhinein deutlich wird.

Hier schließt sich der Kreis meiner Fragestellung, die jedem, der hören will und kann, einen Bruder im Geiste zu Seite stellt und ein göttliches Prinzip in Gestalt eines dreifaltigen, überaus verehrungswürdigen personalen Gegenübers in aller Bewegung des Denkens und Handelns anerkennt. Gott, der letztlich jegliche Einheit in der Vielfalt begründet und uns selbst mit denen verbindet, die der Tod von unserer Seite genommen hat. Eine Einheit wahrende Liebe in aller Vielgestaltigkeit menschlicher Erfahrung, die Erde und Himmel verbindet.

Gedichte

Herbstlied

Nebel hüllt das Land
in ein herbstlich G`wand

Blätter trudeln von den Bäumen
Melodien in den Träumen

und nach einem letzten Tanz
in festlich gold`nem Glanz

hängt das bunte Sommerkleid
im Schrank der Zeit

Freiheit

Gib dem Herzen freien Raum
es will in den Himmel schaun
und ab und zu auf Erden
ein wenig glücklich werden

Tanz

Das Schiff legt heut die Leinen los,
zur Fahrt in unbekannte Fernen,
mit allen Wesen, klein und groß,
Tieren, Sonne, Mond und Sternen.

Musik ertönt und Friedensglocken
zum erhab`nen Feste locken,
arme Reiche sich umarmen,
der Himmel sendet sein Erbarmen.

Geschmückt mit Bändern, Blütenkränzen
im königlichen Hochzeitskleid,
gebunden in der Liebe Grenzen,
tanzen wir durch unsere Zeit.

Im ew`gen Tanz selbst mit dem Tod,
Wandelt Kummer sich und Not.
In einer Dünung, ohne Ruh,
treibt unser Schiff der Heimat zu.

Tränen

Tropfen rinnen an den Scheiben,
ein goldner Engel tritt herein
Tränen ungenannter Leiden
dürfen nie verloren sein.

Der Cherub neigt sich zu den Armen
bewegt von deren Not und Schmerz
und aus liebevollem Herz
rinnt tröstendes Erbarmen.

Er hebt die Hand zum Siegeszeichen,
lädt zum großen Festmahl ein.
Wenn alle sich die Hände reichen,
will er selbst ihr Diener sein.

Heimetsproch

O wie d`Wörter im miem Lebe
voll Sang und Klang sich z`semme webe
zum Teppich, nur dem Herz bekannt
und wär i au im fernen Land,
du Muetersproch bisch stets in mir,
i sag d`r tausend Dank defür.
I mag Dich einfach Land am Rhi
und will e wengeli bi Dir si.

Chum chwätz mit mir,
s`brucht weder Geld noch Guet
nur d`Heimat-Sproch,
dann isch es gnueg.
Wenn i nur die Tön vernimm,
bin i deheim mit Herz und Sinn.
Wer will mir`s wehre, dass i, alt,
mi Muetersproch in Ehre halt.

Und in de Ferni, weg vo Dir
sprichsch Du oft ganz lies zu mir
Du holsch mi in Gedanke zruck
zu Land und Lütt und minre Bruck
Du Heimatsproch, Du laufsch mer noch.
Doch chumm i nur in dieni Näh

und wenn i Di von Ferne seh,
dann hüpft mi Herz vor Luscht,
dann tuets so wohl in minre Bruscht
i mues dann eifach badisch schwatze
so wie mir de Schnabel gwachse

Hüt fahr i zruck zu minere Bruck,
zur Heimat und zur Stadt am Rhi
zu Freunden und Erinnerung,
des bringt mi altes Herz in Schwung.
Und sinn au nümmi alli do,
Du Muetersproch blibsch trotzdem no
und alti Wörter Sätz und Sch`timme
Fange wieder a zu klinge.
E Hüsli, Frau und Kind, e Schätzli
und am Burgchastell mi Plätzli,
des bruecht e echte Badner Bueb,
dezu e Schoppe, dann ischs gnug

Lebenskunscht

S`isch nit e so eifach im menschliche Lebe,
s`goht d`r doch mengisch öbbis denebe.

Und sch`tosch emol im Schreck wie erstarrt,
blieb ruhig, es git au die anderi Art.

Es durt nur e Wieli, dann chömme sie wieder
die guete Gedanke und frohe Lieder.

Advent

In Gottes heiligem Raum
muss weichen Schuld und Hassen
und trunkene Herzen fassen:
Dies ist nicht nur ein Traum

Das goldene Herz

Du teures Herz, das alles trägt,
– erfüllte Stille –,
Leben, Wort und Tat bewegt,
Dein Wille.

In Sehnsucht weitet sich die Brust
ein Traum, ein Lied, ein Singen
von Freude, Not und Liebeslust:
Dein Takt in allen Dingen

Und könnte ich Dich malen,
im Golde müsstest Du erstrahlen.
Formt ich Dich gar mit eig`ner Hand
wär es mein Dank.

Mein Herz

Mein Herz,
wie bist Du ach so fern
in einem fremden Land.

Die Liebe bleibt,
das glaube mir,
auf ewig unser Band.

Gott

Ein Staubkorn bin ich, Herr,
am Saum der Zeit,
Dein strahlend Diadem
von Ewigkeit.

Ein Weizenkorn,
im werdend Sterben,
Deine Liebe zu entbergen.

O Gott

Wir brennen   und   verbrennen nicht
in uns ist Nacht   Du bist das Licht
wir sterben   und   vergehen nicht

Herr, wir suchen Dich.

Wir sehen   und   wir sehen nicht
wir hören   und   wir hören nicht
wir tasten   und   wir fassen nicht

Herr, zeige Dein Gesicht

Du bist uns vertraut
schön, was Du erbaut
der Lebensgarten wohl gehegt
Dein Bild in unser Herz gelegt

Herr, wie schön bist DU

Vater Sohn und Geist,
ohne Rast und Ruh,
immer habe ich Dich umkreist,

Gott, ewig DU.

Vater

in die Himmel geschleudert

Vater

aus der Erde gebrochen

Vater

im Herzen gewogen

Vater

Tausend bunte Blumen

tausend bunte Blumen
blühen in der Seele

binde einen Strauß
stell ihn in Dein Haus.

Regentropfen

regentropfen
an den scheiben
eine träne rinnt

träume
durch den nebel treiben
mit dem wind

regentropfen
was wird bleiben
eine träne rinnt

Vermächtnis

Zu leben geboren,
als Wächter bestellt,
mit allem verwoben,
ins Wunder der Welt.

Von hehren Gewalten
sorgsam gehalten,
auf eigenen Füßen,
den Himmel zu grüßen.

Im Gehen zu fallen,
den Tod zu bestehn,
im Kleinsten von allem,
das Schöne zu sehen.

Das Banner zu halten,
Sinn zu verwalten,
am Teppich zu weben,
zu denken, sich regen.

So bin ich und dichte,
verwalte mein Amt,
erhelle in Wahrheit,
was allen bekannt

Wahrheit

Wahrheit sprengt die enge Brust,
ein fordernd Drängen,
hoher Liebe Leid und Lust
will sie benennen.

Flieg Sommervogel zu den Dingen
über Stock und Stein,
unter Deinen zarten Schwingen
mögen sie geborgen sein.

Dir hohe Frau, reich ich die Hand,
getreuer Liebe Unterpfand,
mein Glück im gold`nen Myrthenkranz,
Dich führe ich zum Hochzeitstanz.

In unendlichem Erbarmen
hält Gott seine Braut in Armen,
ER führt sie treulich durch den Raum,
dort darf sie den Himmel schau`n
und ab und zu auf Erden
ein wenig glücklich werden.

Der Fähnrich

Das Morgenrot begrüßt den Tod,
die Trommeln zwingen in den Schritt,
Trompeten locken ohne Not
Soldaten Reih um Reihe mit.

Tromm, tromm,
tromm, tromm tromm
Trrrrr – omm, trrrr – omm …

Und graue, ungenannte Massen,
folgen aus Pflicht und Ehren
in Schritt und Tritt,
den Ruhm zu mehren.

Tromm, tromm,
tromm, tromm, tromm …

Der Fähnrich, fast noch ein Kind,
hält das Banner in den Wind,
er geht voran,
sie folgen Mann für Mann.

Tromm, tromm,
tromm, tromm, tromm …

Ein dumpfes Grollen und Verderben
aus tausend Rohren,
Schlag auf Schlag,
mischt sich in den jungen Tag.

Tromm, tromm,
tromm, tromm, tromm, …

Laut schmettert die Trompete,
Trommeln decken Ängste zu,
Sprung auf und ab;
in der zerpflügten Erde,
betten Leiber sich zur Ruh.

Tromm, tromm,
tromm, tromm, tromm…

Ein Schuss, den Fähnrich trifft's
und noch im Fallen
hält er das Banner,
zeigt es allen,
deckt's in seiner letzten Ruh
mit dem eigenen Leibe zu.

Tromm, tromm,
tromm, tromm, tromm …

Viele sehen ihn fallen
in umgewühlte Erde,
wer von allen
darf sein Erbe werden,
wer wird`s wagen,
wenn Trommeln schlagen?

Tromm, Tromm,
tromm, tromm, tromm …

Ein Vogel ist`s, er steigt empor,
zu singen und zu künden:
Fähnrich, Totentanz, Soldaten,
sollen nicht im Staub versinken.

Tromm, tromm,
tromm, tromm, tromm
Trrrrr – omm, Trrrrr – omm

Geschichten

Kindheitserinnerungen

In Oppenweiler herrscht zu dieser frühen Stunde tiefe Dunkelheit. Einige Fenster des nahe gelegenen Altersheims sind erleuchtet wie mein Arbeitszimmer. Offensichtlich sind andere Menschen auch schon tätig. Es regnet. An den Fenstern finden die Tropfen keinen Halt. Sie lösen sich und zaubern Perlenketten an die Scheiben. Ob der Regen den Durst der Pflanzen, Büsche und Bäume zu stillen vermag? Um mich und in mir herrscht Stille. Was will aus diesem lebendigen Schweigen ans Licht treten, sich mitteilen? Von einem andächtigen Lauschen erfasst, überlasse ich mich der Führung der Erinnerungen und Fantasien.

Die Vorfreude auf die letzten beiden Reisen in meine Heimatstadt und ein Spaziergang im Elsass vor einigen Tagen, die Gespräche mit Jugendfreunden und Menschen aus der Region kommen mir in den Sinn. Ich sehe sie wieder vor mir, die weich gepolsterten, gelegentlich steinigen Wege auf unserer Wanderung in den Vogesen mit dem weiten Blick auf die sich im dunstigen Horizont auflösenden weichen Linien der Höhen. Ebenso nachhaltig bewegt mich der anschließende Aufenthalt in meiner Heimatstadt. Die mir so vertraute Muttersprache klingt in mir nach, wie eine schöne Melodie. Ich genoss es, mit meinen Freunden wieder einmal

im badischen Dialekt zu schwelgen. Mit meiner Frau
gehe ich in Gedanken noch einmal über die Brücke mit
dem Burgkastell, die das badische Rheinfelden mit der
Altstadt des schweizerischen Rheinfelden und seiner
belebten Marktstraße verbindet. Auf Schritt und Tritt
begleiten mich Erinnerungen an Kindheit und Jugend
und an Menschen, mit denen ich in dieser Region bis
zu meinem dreißigsten Lebensjahr zusammen lebte. Es
waren aber nicht nur Erinnerungen. Ich konnte auf meiner Reise die Orte meiner Kindheit und Jugend erneut
erleben. Es gibt das Rheintal, den Rhein, die Brücke,
das Burgkastell und die beiden Städte wirklich noch,
und die Möglichkeit, mit Freunden und Menschen im
Dialekt, der Sprache, die zu mir gehört, zu sprechen.
Wie schön!

Unvermutet dringen bei diesen Gedanken die wieder-
holten Bitten meiner Kinder an mein Ohr: »Papa, erzähle uns aus Deiner Kindheit und Jugend. Du hast doch
sicher viel mehr erlebt als das, was wir aus den Gesprächen mit Dir bisher wissen. Bitte schreibe es für uns
auf!« Der Bitte will ich nun entsprechen und versuchen,
meinen Kindern, Enkeln, Verwandten und Freunden
in dankbarer Erinnerung einiges aus meiner Kindheit
und Jugend zu erzählen:

Unser vierstöckiges Wohnhaus in Badisch-Rheinfelden
kommt mir in den Blick, in dem und um das herum
ich lebte und spielte. In der dritten Etage wohnte unsere Familie, die anderen Wohnungen waren vermietet.

Ähnlich hohe Gebäude bildeten ein zur Bahnseite geöffnetes Viereck. In dem großflächigen Innenraum hatten die Anwohner Obst und Gemüsegärten angelegt. Zu unserem Haus gehörten eine Hoffläche, ein Holzschuppen und ein Gemüsegarten mit einer kleinen Grasfläche zum Trocknen der Wäsche.

Um die Gärten herum führte ein Weg, unsere Spielstraße, an dem verschiedene Handwerker ihre Werkstätten eingerichtet hatten. Davon soll später noch die Rede sein. In diesem Haus und in dieser Umgebung wurde ich vor 78 Jahren geboren. Ich kam als kräftiger, gesunder Junge zur Welt, erhielt den Namen eines bedeutenden Heiligen, »Franz«, und wurde katholisch getauft. Angeblich sehr lebhaft und interessiert erkundete ich nach und nach meine Umwelt. Aus frühester Zeit erinnere ich mich an beruhigende Geräusche, wenn Mutter oder Großmutter mit Tellern und Töpfen hantierten. Ich habe mich sicher wie andere Kinder bemerkbar gemacht, wenn ich hungrig war oder der Pflege bedurfte. Erste stabilere Erinnerungen führen nahe an diese frühe Zeit heran:

Ich lag in unserer Wohnküche geborgen in zwei aneinander geschobenen Korbstühlen, die mit weichen Kissen gepolstert waren. Als kleiner Knabe war ich immer mit dabei und verfolgte das Geschehen in der Küche. Deutlicher kann ich mich an unsere damalige Wohnstube erinnern. In dieser Zeit bewegte ich mich vornehmlich auf dem Boden. Ich rutschte gekonnt, das rechte Bein unter dem Hintern, unter Tisch und Stühlen herum. Der Tisch erschien mir aus dieser Perspektive riesengroß. Obwohl ich den Tonfall der Stimmen hören konnte, entging mir leider, was sich auf dem Tisch zwischen den Erwachsenen abspielte. Mit zunehmendem Wachstum und der Fähigkeit, mich am Tischbein hochzuziehen, erweiterte sich mein Blickfeld, und es gelang mir besser, einzelne Gegenstände im Raum zu erkennen.

Da stand ein viereckiger Schrank mit einer Glastüre. Mich faszinierte dessen bunt bemalte Scheibe. Darauf war in einer bergigen Landschaft ein Bauernhaus zu erkennen, das sich mit tief gezogenem Dach unter dunkle Tannen duckte. Mein Großvater, ein von mir hoch verehrter Holzbildhauer, hatte den Schrank mit allerlei Schnitzwerk versehen. Er war oben von einer Ornament-Blende begrenzt. Die vier Ecken schmückten kunstvoll bearbeite Holztürmchen. In späteren Jahren setzte sich bei mir die Vorstellung fest, dass es sich bei diesem Schrank um eine umgebaute Musikorgel gehandelt haben könnte. Ich bin mir dessen aber heute nicht mehr ganz so sicher. In einer Mischung von Neugier und Furcht blickte ich oft zu dem auf dem Schrank liegenden, geschnitzten Totenkopf hinauf. Dort lagerten in einer Holzkiste, vor meinem Zugriff geschützt, die für mich höchst attraktiven Werkzeuge. In einem speziellen Etui, das ich nur selten zu Gesicht bekam, wurden die ganz feinen Stichel und Feilen aufbewahrt. Die komplette Einrichtung der Stube hatte mein Großvater künstlerisch ausgestaltet.

In der Raummitte befand sich ein handgearbeiteter großer Tisch, umgeben von Stühlen mit unterschiedlichen, aufeinander abgestimmten Schlangenmotiven an den Rückenlehnen, von denen sich heute noch ein Stuhl in unserem Besitz befindet. Hinter der Tür stand ein hoher dunkelgrüner Kachelofen, der eine behagliche Wärme ausstrahlte. Die Wände schmückten Bilder mit bäuerlichen Motiven in geschnitzten Holzrahmen. An einer hervorgehobenen Stelle zwischen den Fenstern zur Straße fand das Gesellenstück des Großvaters seinen Platz. Auf einem aus Lindenholz gefertigten Kreuz in Form eines Rebstockes war der leidende Herr befestigt. Der Rebstock wurde leider in der Kriegszeit gegen Lebensmittel getauscht. Die Christusfigur habe ich später auf einem anderen schlichten Holzkreuz anbringen lassen. Es hängt heute an einem Ehrenplatz in unserem Wohnzimmer neben einem Marienbild.

Das vierstöckige Haus, in dem wir wohnten, kam durch Erbschaft meiner Großmutter in unseren Besitz. Mein Großvater, ein politisch interessierter Künstler, der in den Krisenzeiten nach dem ersten Weltkrieg mit seinen Schnitzarbeiten wenig verdienen konnte, war sehr stolz auf unser Anwesen. Er zog durch seine Körpergröße, dem grauen Vollbart und seinem wachen, kritischen Blick die Aufmerksamkeit auf sich. Großvater gab in der Familie den Ton an und ließ es nicht zu, dass meine Mutter meinen unvermögenden Vater heiratete. Sie nahm es aber trotzdem auf sich, als ledige Mutter in einer kritischen Umwelt für mich zu sorgen. Ihrer Liebe und Pflege verdanke ich mein Leben, sonst könnte ich diese Geschichte nicht schreiben. Bis zu meinem dritten Lebensjahr erlebte ich meinen leiblichen Vater noch in Rheinfelden. Die Erinnerungen sind aber spärlich. Ich übernachtete öfters bei ihm und seiner späteren Frau, der »Gunkl-Mama«, in seiner nahe gelegenen Wohnung im »Gräbele« zwischen beiden. Da er während des letzten Krieges wie andere Väter als Soldat an verschiedenen Fronten eingesetzt wurde, vermisste ich ihn zeitweise nicht so sehr. Einige Feldpostbriefe habe ich als kostbare Andenken an ihn aufbewahrt. Ich rechne es meiner Mutter hoch an, dass sie in all den Jahren immer zu erkennen gab, dass sie meinen Vater liebte und nie schlecht über ihn redete. Auch ich hatte ihn trotz der Trennung in mein Herz geschlossen. Über spätere Begegnungen mit meinem Vater berichte ich an anderer Stelle. Auch meine Mutter lernte wieder einen Mann kennen und heiratete. Als ich vier Jahre alt war, wurde mein Bruder Hans geboren. Eine große Freude, denn nun war ich nicht mehr allein. Wir traten auch später, bis zum heutigen Tag, in guten und in schlechten Zeiten immer für einander ein.

Nach Großvaters Tod richtete meine Mutter unsere Wohnung teilweise nach ihren Vorstellungen neu ein. Die Wohnküche war in den Kriegsjahren, um Heizmaterial zu sparen, unser Aufenthaltsraum. Die anderen Zimmer wurden nur nach Bedarf beheizt. Die Küche war mit einem modernen Tisch, Stühlen, einem mit Holz und Kohle beheizbaren, weiß emaillierten Herd, einem einfachen Granitspülstein und mit einem eleganten weißen Küchenschrank eingerichtet. Über einen Flur gelangte man in die geräumige Wohnstube und zum Schlafzimmer der Großmutter. Daneben befand sich, der Straße abgewandt, das Schlafzimmer der Mutter. In dieser Wohnung kannte ich mich bald recht gut aus.

Es war für mich nicht störend, dass sich nach der Geburt meines Bruders zwei Wohngemeinschaften bildeten. Ich schlief als Junge zusammen mit meiner Großmutter in deren Zimmer. Nach der Geburt meines Bruders schlief unsere Mutter zusammen mit ihm und meinem Stiefvater, bis er sich von ihr trennte, im größten Zimmer unserer gemeinsamen Wohnung. Großmutter und Mutter teilten sich die Aufgaben in der Küche. Unsere Mutter regelte die übrigen Angelegenheiten des gemeinsamen Haushalts, kümmerte sich um Wäsche und Kleidung. Es gab gelegentlich lautstarke Meinungsverschiedenheiten zwischen Mutter und Großmutter. Ich fühlte mich dennoch geborgen und hatte keinen Anlass, mich über diese Lösung zu beklagen. Meinen sportlich drahtigen, groß gewachsenen, dunkelhaarigen Stiefvater habe ich in guter Erinnerung und war stolz auf ihn, wenn ich ihn bei Waldfesten als einen erfolgreichen Sportler im Wettkampf beobachten konnte. Er war immer freundlich zu mir und benachteiligte mich nicht. Ich erinnere mich an ein besonderes Geschenk zu Weihnachten: Es war ein reichhaltiger Märklin-Baukasten, der mir gestattete, aus Einzelteilen immer wieder neue Fahrzeuge zusammen zu schrauben. Als Bruder Hans etwas größer war, spielten wir oft zusammen in der Wohnung. Mein Stiefvater war allerdings als Monteur sehr viel unterwegs, sodass unsere Mutter und Großmutter sich die Aufgabe teilten, die lebhaften Buben in Schranken zu weisen.

Die Großmutter betete viel, las in der Heiligen Schrift oder hielt den Rosenkranz in Händen. Sie hatte gütige Augen und war, trachtenähnlich mit langem Rock und blauer Halbschürze gekleidet. Im Oberteil ihrer Kleidung trug sie ein Büchlein, das in Leinen gehüllt war. Ich hatte mir ohne zu fragen vorgestellt, dass es sich bei diesem geheimnisvollen Büchlein um ein religiöses Symbol handelte. Mein Bett befand sich direkt hinter dem Eingang zu ihrem Zimmer. Die Großmutter schlief auf der gleichen Seite an der Längswand des Raumes. Abends vor dem zu Bett gehen spendete sie mir Weihwasser und das Kreuzzeichen. Sie hatte die Haare zu einem Zopf geflochten, den sie täglich zu einer Schnecke im Nacken zusammenrollte und pfleglich mit Nadeln sicherte. Sie war in ihrer ruhigen, liebevollen Art wie ein sicherer Hafen, in den ich nach meinen Ausflügen wieder zurückkehren konnte. Krankheitsbedingt war ich allerdings einmal für eine längere Zeit ans Bett gefesselt. Eine langweilige Angelegenheit. Um mir die Zeit zu verkürzen, beschäftigte ich mich mit einer stabilen »Milchflasche«. Es gelang mir nach und nach ein ziemlich großes Loch in die Wand neben meinem Bett zu schlagen, ohne dass dies die befürchteten ernstlichen Folgen nach sich zog.

Sehr beeindruckt war ich immer, wenn unser Pfarrer meiner Großmutter die Krankenkommunion brachte. Auf dem weiß gedeckten Tisch stand dann ein Kreuz, daneben leuchteten zwei Kerzen. Der Pfarrer verrichtete davor seine Gebete. Die Vorstellung, dass der unendliche große Gott zu uns einfachen Menschen zu Besuch kam, hat mich immer tief berührt.

Eine andere Szene in der Küche blieb mir wegen der damit verbundenen Schmerzen fest im Gedächtnis haften: Damals konnte ich schon gehen. Meine Mutter hatte Wäsche gewaschen und diese in einen auf dem Boden abgestellten Eimer gegeben. Ohne dass sie es bemerken konnte, war ich neugierig hinzugetreten, verlor das Gleichgewicht und fiel rücklings in den Eimer mit der heißen Wäsche. Meine Mutter und Großmutter reagierten entsetzt. Die Brandwunden sind aber ohne Narben zu hinterlassen längst geheilt.

Es fehlen mir einige Erinnerungen als Bindeglieder zwischen dem Kleinkindalter und der Zeit, als ich in den Kindergarten ging. Vom Kindergarten erinnere ich nur den eigenen, etwas strengen Geruch des Sandkastens und die katholischen Schwestern in ihrer Ordenskleidung, die uns zu Spielen anregten und darauf achteten, dass wir die Regeln einhielten. Bei meinem täglichen Fußmarsch in den Kindergarten trug ich mein Vesperbrot in einer bunt bemalten Blechbüchse bei mir. In der kalten Jahreszeit hatte ich widerwillig einen Strumpfgürtel zu tragen, an dem die langen Wollstrümpfe befestigt wurden.

In diese Zeit hinein fallen auch erste Erlebnisse mit unseren Nachbarn. Die Umgebung, in der wir wohnten, bot vielfältigste Anregungen und Gelegenheit, die kindliche Neugierde zu befriedigen: Im reichhaltigen Angebot des Milch- und Kolonialwarenladens »Hina« gab es immer etwas zu entdecken. Ich war dort ein gern gesehener Einkäufer vornehmlich von Frischmilch und anderen Dingen des täglichen Bedarfs wie Butter und Marmelade etc. Dabei hatte ich es zur technischen Perfektion entwickelt, die volle Milchkanne so im Kreise zu schwenken, dass aufgrund der Fliehkraft nicht all zu viel Milch bei diesen Drehungen verschüttet wurde. Direkt gegenüber befand sich die Metzgerei »Baumer«. Dort gab es nicht nur Wurst und Fleisch, sondern von der freundlichen Bedienung für den kleinen Franz immer ein Scheibe extra. Das Malergeschäft »Sutter« am Ende der Straße war bei uns Kindern weniger beliebt, denn die unzugängliche Frau des Malers kritisierte uns oft heftig.

Direkt neben unserem Haus befand sich das Bekleidungsgeschäft »Hunsinger«. Herr Hunsinger, ein emsiger Geschäftsmann, der Frauen sehr schätzte, besaß einen Opel P 4. Es ist nicht zu beschreiben, wie viele Kinder in diesem Fahrzeug Platz fanden, wenn wir an Sommertagen nach Beuggen zum Baden im Rhein fuhren. Wir Kinder spielten meistens am Ufer, während die Erwachsenen sich flussabwärts treiben ließen und auf dem Rückweg damit beschäftigt waren, mit Zweigen die lästigen Bremen zu verscheuchen. Es gab dort auch ein Boot, Bagger genannt, ein Lastkahn zur Säuberung des Rheinbettes, auf dem es sich gut sonnen ließ. Man musste bei höheren Temperaturen nur darauf achten, sich keine Brandwunden zu holen. Auf dem Grundstück von Hunsingers stand im Hinterhof auch eine geräumige Schneiderwerkstatt. Dort saß der Schneidergeselle mit untergeschlagenen Beinen auf dem Tisch und hatte seine helle Freude daran, uns Kinder beim Nähen mit der Nadel zu pieksen. Später fand ich als Knabe auch Gefallen an den hübschen Schneiderinnen, besonders an Steinebrunner Walli aus Grenzach, die ich in achtbarer Distanz wie ein verliebter Kater anhimmelte.

Im gleichen Haus lebten die »alten Hunsingers«. Die Seniorin, eine freundliche und hilfsbereite Großmutter, deren Küche immer ein wenig unaufgeräumt wirkte, war uns Kindern wohl gesonnen. Bei ihr fiel immer wieder etwas Nahrhaftes für mich ab. Ihr Mann, ein Küfermeister, arbeitete in der Schweiz und unterhielt einen großen Gemüsegarten. Er war der Rosenvater schlechthin. Mit seinen abgearbeiteten großen Händen hantierte er mit großer Zärtlichkeit an seinen Rosensträuchern. Wenn die Mädchen zu ihm kamen, um an Fronleichnam einige Blütenblätter zu ergattern, die dann vor dem Allerheiligsten bei der Prozession ausgestreut wurden, glänzte er mit einem charmanten Geiz.

Er gab nur Rosenblätter ab, die sich eh nicht mehr lang am Strauch gehalten hätten.

Unterhaltend war für mich die Freundschaft mit dem Sohn des Schneiders. Seine immer schick gekleidete Mutter unterstützte unsere Kontakte, denn Rolf war ein Einzelkind. Von den Eltern wohl gehalten, verfügte er über viele Spielsachen, von denen mein Kinderherz nur träumen konnte. Vornehmlich Soldaten, Panzer und andere Fahrzeuge, die wir dann in langen Reihen in der Küche aufmarschieren ließen. Damals in den Dreißigerjahren verstärkten die Nationalsozialisten in allen Bereichen ihren Einfluss. Dies wirkte sich auch auf das Spielzeugangebot aus.

Mehr und mehr fand ich auch Kontakt zu anderen Kindern aus der Nachbarschaft. Auch mein Bruder war so weit herangewachsen, dass er mithalten konnte. Bei Soldatenspielen war ich oft Anführer. Wir trugen nicht nur stolz unsere Holzgewehre und Säbel, sondern bauten auch aus alten Kinderwagen steuerbare Autos. Ich erinnere mich an die Konstruktion eines Sanitätsfahrzeuges: Die Achse eines Kinderwagens mit Rädern diente als mobiler Unterbau. Daran befestigten wir zwei Stöcke. Die Stöcke zogen wir durch einen Sack, der uns als fahrbare Trage für unsere Verwundeten diente, und los ging die Fahrt.

In der Zeit des Vorschulalters erweiterte sich unser Betätigungsfeld erheblich: Wir waren unermüdlich mit abwechslungsreichen Spielen beschäftigt. Es gab in unserem Wohngebiet außerordentlich viele Kinder aller Altersstufen. Nur durch die Mahlzeiten oder die Müdigkeit am Abend unterbrochen reihte sich beim Spielen Tag an Tag. Wenn ich eine Zwischenmahlzeit nötig hatte, ertönte mein Ruf nach oben: »Großmame, Gutzischnitte«! Dies bewirkte dann, dass meine Großmutter ein deftiges Stück Bauernbrot richtete, mit Butter und Marmelade bestrich und mir anbot.

In unmittelbarer Umgebung unseres Hauses befanden sich die Werkstätten einiger Handwerker und sonstige Arbeitsräume: Es gab da die Wäscherei »Hagmann« mit den großen Waschmaschinen und einem Nebenraum mit Wäschemangel und Büglerei, in dem die Wäsche aufbereitet und versandfertig verpackt wurde. Vor allem gefiel mir die hübsche Tochter Rosemarie.

Daneben hatte der Hufschmied »Muffler« seine Werkstatt mit Schrott- und Lagerplatz. Dort fanden wir Buben immer wieder Abfallstücke, die wir noch brauchen konnten. Wir bestaunten die Arbeit des Schmiedes am Kohlefeuer und bewunderten die kraftvollen, rhythmischen Hammerschläge, unter denen das glühende Eisen die gewünschte Form fand. Besondere Aufmerksamkeit verdiente die Arbeit des Hufschmieds, der den Pferden die Hufe zurechtschnitt, die Eisen einbrannte, um sie anzupassen, die Nägel durch die Hufe schlug und deren Enden zufeilte.

Unmittelbar daneben hatte sich der Maler »Würth« seine Werkstatt eingerichtet. Dort standen unzählige Eimer, Leitern, Pinsel und reichlich Tapetenreste, die wir Kinder immer verwerten konnten. Einen besonderen Spaß bereitete es den Malergesellen, wenn sie uns Buben dazu verführen konnten, den beizenden Geruch des Salmiakgeistes zu schnuppern.

Wir besuchten oft die anliegende Sattlerei. Der alte Großlaub und sein Sohn arbeiteten dort zusammen. Mich beeindruckte die rot-violette, etwas vernarbte große Nase des kinderfreundlichen Alten sehr. Ein unerschöpfliches Arsenal an Sesseln, Stühlen, und vor allem an Leder- und Stoffabfällen sowie Schnüren war in einem kleinen Raum verteilt. Wir hatten immer Bedarf an Resten und beobachteten viele Stunden ungestört die Sattler bei ihrer Arbeit.

Neben der Sattlerei hatte der Blechner »Sailer« seine Werkstatt. Hier konnten wir lernen, wie Abfallrohre hergestellt und sonstige Teile aus Blech geformt wurden. Es gab dort auch verschiedene Maschinen, um die Blechstücke zu schneiden und in Form zu bringen

In unmittelbarer Nähe unseres Hauses befand sich die Werkstatt von Schuster »Jehle«. Wir schauten ihm oft zu, wie er am Dreifuß die Schuhe reparierte, Absätze ausbesserte, neue Sohlen aufleimte, mit Holznägeln befestigte, dann nagelte, zurecht feilte und an einer großen Maschine polierte. Er führte auch ein Schuhgeschäft. Dies hatte den Vorteil, dass immer wieder für uns Kartons zum Spiel zur Verfügung standen.

In einer der Nebenstraßen wohnte unser Sanitäter »Baumgartner«, den wir unter dem Siegel der Verschwiegenheit konsultierten, wenn wir unter irgend einer Sportverletzung, Schramme, Schürfwunde etc. litten. Er versorgte uns immer, denn professionell bepflastert erlitten wir zu Hause keine allzu harte Gardinenpredigt. Doch wo gehobelt wird, fallen Späne, sagt das Sprichwort. Und wo Kinder intensiv spielen, lassen sich Schrammen kaum vermeiden. Hätten wir unseren Sanitäter nicht gehabt, wäre unser schon stark belasteter Schutzengel noch viel mehr gefordert worden.

Es gab eine strenge Hierarchie unter uns Buben: Die Älteren von uns spielten die Anführer. Ihren Anweisungen galt es zu gehorchen. Bald gehörte auch ich zu den Anführern und war daher damit beauftragt, für ausreichend Spielideen zu sorgen. Der Radius unserer Unternehmungen erweiterte sich zusehends.

Eines Tages kamen wir auf die Idee, aus einem alten Seitenwagen ein Boot zu bauen. Wir versuchten mit allen nur erdenklichen Mitteln, das Boot wasserdicht zu bekommen. Es bekam bei der Bootstaufe den Namen »Möwe«. Wir packten unser Boot auf einen Leiterwagen. Ob die Dichtungen halten würden? Vorsichtig ließen wir das Boot im Bach eines nahe gelegenen Sägewerks zu Wasser. Zu unserer großen Enttäuschung gelang es nicht, »in See zu stechen«. Aus allen möglichen Ritzen strömte Wasser in unser Boot, und nach wenigen Minuten lag unser stolzes Boot auf dem Grund des Sägebaches. Wir schlichen mit hängenden Köpfen nach Hause, ohne uns um eine weitere Entsorgung – wie man heute sagen würde – zu kümmern.

Eines Tages fand in Rheinfelden ein Varietee im Freien statt. Neben anderen Darbietungen, bestand die Hauptattraktion darin, dass sich ein Künstler in einem Erdloch, nur geschützt von Hölzern in den Ecken, die Bretter zur Abdeckung trugen, zwei Stunden lang »lebendig begraben« ließ. Ich beschloss als Anführer unserer Gruppe, dieses Erlebnis nachzuspielen. Bei Schuster »Jehle« lagerten ja die großen Kartons, in denen die Schuhe zum Verkauf versandt wurden. Ein solcher Karton bot sich mir nun als Grab an. Unter dem Beifall meiner Gruppe für meinen Mut stieg ich ein und schloss den Karton von innen, um zwei Stunden lebendig begraben zu werden. Ich hatte allerdings nicht damit gerechnet, dass der Schuster »Jehle« unser Spiel von seinem Arbeitsplatz aus beobachtet hatte, aus der Werkstatt heraus kam und sich oben auf den Karton setzte. Ich kam in eine grässliche Not und bat inständig darum, mich entgegen meiner Ankündigung vorzeitig aus meinem Karton-Grab frei zu lassen.

In unserem Viertel hinter den Häusern spielte sich ein Großteil meiner Kindheit ab. Langsam erweiterte sich aber auch dieser Spielraum: Am Ende unserer Straße gab es Wiesenflächen und eine kleinere Fläche, unsere »Eckwiese«. Dort spielten wir oft zusammen »Spachtel und Gizi«. Ich muss das ein wenig erklären: Spachteln bedeutet, dass ein zugeschnittenes Holzstück in den Boden geschlagen wurde und dass der Sieger war, dem es gelang eine ebenfalls zugespitzte »Spachtel« sehr nahe an das eingerammte Holzstück in den Boden zu werfen. Gizi bedeutete: Auf einen großen Stein wurde ein kleinerer gelegt. Es galt dann, diesen mit einem anderen Stein herunterzustoßen.

Die Werderstraße, an der wir wohnten, die damals wenig befahren war, gehörte zu unserem Spielrevier. Wir waren zu jeder Jahreszeit auf den Beinen und fanden immer wieder neue Ziele, uns zu beschäftigen und beim Spiel zu erfreuen. Unsere Mutter kaufte uns aus guten Gründen Lederhosen, die unverwüstlich sein sollten. Dies galt es zu testen. Wir setzten uns in den neuen Hosen stolz auf unseren Hintern und rutschten auf dem rauen Straßenpflaster hin und her, um herauszufinden ob die Hosen solchen Belastungen Stand hielten.

Im Winter beim ersehnten ersten Schneefall durften wir bis in die Dunkelheit im Licht der Straßenlaternen unsere Energie entladen. Wir verwandelten durch ständiges Rutschen einen Teil der Straße in eine Eisbahn und ab ging die Reise. Bedächtiger wurde es, wenn wir versuchten, aus der Vielzahl der Schneeflocken, die aus dem Licht der Straßenlaternen heruntertanzten, einige mit der Zunge aufzufangen.

Eines schönen Tages entdeckten wir, dass der Obst- und Gemüsehändler »Bührer« damit beschäftigt war, aus einem Waggon am Güterbahnhof Orangen auf seinen Lastwagen umzuladen. Es war zu verlockend, sich per Mundraub zu bedienen. Aus einer Kiste schaute eine dicke Orange vorwitzig heraus. Ich brauchte nur noch mit dem Finger ein wenig nachzuhelfen, um die Beute in Händen zu halten. Mit relativ schlechtem Gewissen verzog ich mich mit der Orange zu Hause aufs WC. Der Saft floss mir beidseits des Mundes herunter, als ich mit Heißhunger meine Beute verzehrte. Nie hat eine Orange in dieser Spannung von schlechtem Gewissen und Genuss besser geschmeckt.

Am Güterbahnhof lagerten auch riesige Baumstämme mit ihrem Wurzelwerk. Eine herrliche Trainingsstätte, um Gleichgewichts- und Kletterübungen zu absolvieren. Ich stieg auf einen der größten Stämme und balancierte eine zeitlang verwegen auf ihm herum, bis ich schließlich herunter fiel. Ich rappelte mich danach am Boden wieder hoch und war entsetzt. Beim Aufprall und dem Abstützen mit der Hand war der linke Daumen aus dem Gelenk gekugelt. Die Haut über dem Daumengelenk hatte sich sehr gedehnt. Es sah aus, als ob das gebrochenes Gestell eines Regenschirms gegen dessen Schirmseite drücke. Der Schreck war entschieden größer als mein Schmerz. Dann entschloss ich mich zur Selbsthilfe: Ich fasste den Daumen mit der rechten Hand, zog kräftig und wie durch ein Wunder war der Schaden behoben.

Meiner Mutter habe ich aus guten Gründen nie etwa davon erzählt.

Eines Tages stand am Ende der Straße vor einem Lokal das Pferdegespann des Landwirts »Fischer«. Die beiden schweren Belgier-Pferde langweilten sich, während der Fuhrmann seinen Durst löschte. Mir fiel nichts anderes ein, als den ersten von zwei Pritschenwagen, die aneinander gebunden waren zu besteigen, die Geisel in die Hand zu nehmen und den Pferden ein kräftiges »Hü« zuzurufen. Sie setzten sich zu meinem Schreck sofort in Bewegung. Sie kannten ja ihren Weg zu den Stallungen. In immer rascherer Fahrt ging es bergab Richtung Zoll durch die Bahnunterführung mit einer Straßenabzweigung. Ich hatte große Angst. Zum Glück hielt sich damals der Straßenverkehr in Grenzen, sodass ein Zusammenstoß vermieden werden konnte. Die Pferde kamen erst wieder zur Ruhe, als sie die beiden schweren Wagen den Adelberg hinauf zu ihren Stallungen ziehen mussten. Ich habe mich schleunigst aus dem Staub gemacht und weiß nicht, wer die Pferde danach versorgte. Ohne weitere Folgen kam ich noch einmal mit dem Schrecken davon.

Dort am Adelberg trafen wir uns auch zum Wintervergnügen: Es gab immer einen Jungen, der einen Schlitten besaß. Manchmal koppelten wir mehrere Schlitten aneinander und kurvten, entgegen dem Verbot der Eltern, den Abhang Richtung Rhein hinunter. Natürlich bestand auch der Wunsch, Ski zu fahren. Wir besaßen die notwendige Ausrüstung aber nicht. Daher versuchten wir es mit zwei leicht gebogenen Brettern von alten Fässern und versahen diese mit gebrauchten Schuhen als Bindung. Die Eigenkonstruktion erfüllte allerdings nicht ganz den Zweck, denn es gelang uns nicht, damit bergab zu fahren, obwohl wir nach Kräften mit den Stöcken nachhalfen. Der Unterbau unserer Konstruktion war einfach zu rau.

In unserem Jungenkreis beschlossen die Älteren, dass es nun an der Zeit wäre, einen Bunker zu bauen, um vor den ständig besorgten Blicken unserer Umgebung gesichert zu sein. Mir fiel die Aufgabe zu, meine Großmutter zu überreden, dass sie uns erlaubte, die kleine Wiese hinter unserem Haus im Garten dafür zu benutzen. Sie sagte zu. Mit Pickel, Schaufel und Spaten rückten wir an, hoben den Rasen ab und fertigten in relativ kurzer Zeit ein tiefes quadratisches Loch. Obwohl meine Großmutter nach einiger Zeit erschrocken abwinkte, war alles schon vollbracht. In den vier Ecken und in der Mitte wurden Holzpfähle eingerammt. Darüber legten wir Bretter. Der Erdaushub wurde darüber geschüttet und mit den Grasnarben wieder abgedeckt. Im Bunker bauten wir ringsherum Sitzbänke und ließen einen Einstieg frei, der mit einem Deckel verschlossen werden konnte. Hier in dieser Unterwelt kreisten die ersten Zigaretten.

Auf meinen Erkundungsreisen nach neuen Spielmöglichkeiten entdeckte ich eine nicht weit von unserer

Straße gelegene Gärtnerei. Ich erklärte meinen Freunden, es sei viel praktischer, in der Nähe unsere geplante Hütte zu bauen als am Rhein oder im abgelegenen Wald. Wir rückten an mit Äxten etc., drangen in die von mir entdeckte Baumschule ein, entfernten in einem Viereck der gewünschten Größe die innen stehenden Bäumchen und erstellten so sehr schnell eine Hütte. Noch größer war unser Vergnügen beim danach einsetzenden Jagdspiel. Die kleinen Buben rannten davon und spielten die Löwen, wir größeren versuchten sie zu fangen. Der besondere Reiz bestand darin, sich von den kleinen Bäumchen beim Jagen abfedernd tragen zu lassen. Das über einige Stunden währende herrliche Spiel fand ein plötzliches Ende, als die Besitzerin der Gärtnerei uns übel mitspielte und mit der Polizei drohte. Wir verließen fluchtartig unseren Tatort und fanden uns einige Tage später wieder vor dem Ortsgericht ein, bestehend aus dem Polizeimeister Böhler und seinem Assistenten Manschott, der alle Buben beim Namen kannte. Die Täter waren geständig, das Urteil wurde gesprochen und fiel nach der Körpergröße abwärts etwas milder aus. Mich erwischte es noch mit 20 Reichsmark. Zu Hause gab es keine mildernden Umstände. Ich musste mir das Geld mühsam verdienen. Für einen Satz gebügelter Kragen, die ich auszutragen hatte, verdiente ich bei einer Büglerin 10 Pfennige. Entsprechend aufwändig und zeitraubend war es, das Geld zu verdienen, um die Strafe bezahlen zu können.

Der Radius unserer Aktionen erweiterte sich zunehmend und wurde dadurch für unsere Eltern immer unübersichtlicher. Das machte aber in unserer damals kleinen Stadt nichts aus, denn die Menschen kannten einander. In der Mehrzahl kinderfreundlich, hatten die Erwachsenen das Privileg, uns Buben in die gebotenen Schranken zu verweisen. Ich hätte nicht gewagt, mich über eine Ohrfeige beim Äpfelklauen zu Hause zu beschweren, das hätte weniger Verständnis als eine herbe Rüge eingebracht. Insofern schwiegen wir mannhaft über derlei gelegentliche Beeinträchtigungen. Ich hatte einmal bei meinen Erkundungen eine Birnenplantage mit leckeren reifen Früchten entdeckt. Die Gier war größer als der Hunger. Ich breitete mein Taschentuch aus und war dabei, schöne, reife Birnen zu ernten. Plötzlich erfasst mich ein Hand: »Was machst Du da?« Es war der mir bekannte Feldhüter Krebs, der Vater eines Schulfreundes. Mit schlechtem Gewissen folgte ich ihm in seine Wohnung zu einer längeren Ermahnung. Felix, mein Schulfreund, legte Fürbitte für mich bei seinem Vater ein. Dadurch entkam ich einer gerechten Strafe.

Die Schule machte mir keine besonderen Schwierigkeiten. Ich erinnere mich kaum, wann ich meine Schularbeiten machte, wohl aber, dass ich einem Klassenkameraden, dessen Eltern eine Metzgerei besaßen, bei den Schularbeiten half und zur Entlohnung Würste bekam.

Wir befanden uns mitten im zweiten Weltkrieg. Die Männer waren zum Wehrdienst eingezogen, die Frauen zur Arbeit in den Rüstungsbetrieben verpflichtet. Die politischen Machthaber hatten ihren Einfluss auf alle Bereiche des öffentlichen Lebens ausgedehnt, und die Idee von Führer, Volk und Vaterland wurde uns beständig über alle Medien vermittelt. Auch in der Schule wurde der Hitlergruß praktiziert. Es kursierte eine judenfeindliche Propaganda. Dennoch hatten wir in unserer Familie öfters Besuch von einer älteren Jüdin, »Fräulein Hirsch«. Sie trug auffällige, aus der Mode gekommene, vornehme Kleidung ihrer Verwandtschaft aus Amerika. Ihre ausgeprägte Neigung, mich bei ihren häufigen Besuchen küssen zu wollen, konnte ich nicht erwidern. Ihre Zudringlichkeit und Kleidung wirkte auf mich abschreckend. Gegenüber ihrer jüdischen Herkunft empfand ich wie unsere Familie aber keine Abneigung.

In dieser Zeit ging ich zur ersten heiligen Kommunion. Unser verehrter Pfarrer, der uns auch Religionsunterricht gab, bereitete uns auf die erste Beichte vor und half uns dabei einzusehen, dass auch wir ab und zu kleine Sünder seien. Er erklärte uns die wesentlichen Botschaften und Inhalte unseres Glaubens, vor allem, dass wir nun bald unseren Herrn Jesus in Gestalt der Hostie empfangen dürften. Dieses Ereignis war mir ja von Hausbesuchen des Pfarrers bei meiner Großmutter und den sonntäglichen Gottesdiensten bekannt. Wir lernten, dass der unendliche Gott die Welt und uns erschaffen hat und so sehr liebt, dass er seinen Sohn sandte, um uns Menschen von aller Schuld zu erlösen. Der

Pfarrer vermittelte uns, dass wir nur Gott gegenüber unsere Taten zu verantworten hätten und immunisierte uns nicht nur gegenüber den Einflüssen der damaligen politischen Machthaber, sondern auch entgegen jeder weltlichen Autorität. Er muss mich wohl als einen religiösen, aufgeweckten Jungen erlebt haben, denn er schlug meiner Mutter vor, dass ich Priester werden könnte. Sie lehnte diesen Vorschlag aber ab. Ich konnte den Tag der ersten heiligen Kommunion kaum mehr erwarten. Meine Mutter sorgte für die angemessene Kleidung. Ich bekam einen neuen dunkelblauen Anzug mit kurzer Hose, ein feines Hemd und Halbschuhe. In den Händen trug ich stolz meine Kommunionkerze, ein neues Gesangbuch und einen Rosenkranz. Wir wurden in einer feierlichen Prozession vom Kindergarten abgeholt, voraus Kreuz und Fahnen, die Geistlichen mit den Ministranten, die Stadtmusik mit feierlicher Musik, danach in Zweierreihen wir Buben und die Mädchen in ihren schönen weißen Kleidern und Kränzen. Die Kirche war gefüllt, unsere Bänke besonders geschmückt. Es folgte ein feierlicher Gottesdienst begleitet von Orgelspiel und dem Gesang der Gemeinde, dann schritten wir vor zum Altar, um zum ersten Mal den Herrn in Brotsgestalt zu empfangen. Etwas von dieser feierlichen Stunde, in der ich für das Geheimnis des lieben Gottes ganz offen war, begleitet mich seither beim Kommunionempfang. Zu Hause gab es im Anschluss an den Gottesdienst mein Lieblingsessen Spaghetti in Tomatensoße, Koteletts und Salat. Die schöne neue Armbanduhr, die ich zum Fest geschenkt bekam, überstand den Tag nicht. Ich hatte sie aus Freude zu oft aufgezogen, sodass sie auch durch heftiges Klopfen nicht mehr in Gang gebracht werden konnte. Ich glaube nicht, dass ich das meiner Mutter am gleichen Tag eingestanden habe.

Die Zeit rückte näher an den Termin, der zur Aufnahme in das Jungvolk, später in die Hitlerjugend bestimmt war. Das freie kindliche Spiel wurde so in ein von uns nicht mehr durchschaubares politisches Spiel einbezogen. Ich war natürlich wie alle meine Schulfreunde stolz, als ich eine kurze Kordhose, ein braunes Hemd, ein Koppel mit Fahrtenmesser und ein Schartuch mit Knoten empfing und damit zum Jungvolk zählte. Erinnerlich sind mir vor allen Dingen die vielen sportlichen Angebote: Leichtathletik, Ringen, Boxen, Gewichtheben mit immer wieder arrangierten Sportfesten, in denen Wettkämpfe durchgeführt wurden. Dazu kamen Übungen im Marschieren, Stillstehen, Körperwendungen und das Antreten zu Standortappellen an den Sonntagen, durch die es immer schwieriger wurde, den Gottesdienst zu besuchen. Dies alles gehörte nun neben der Schule zu unseren Pflichten. Die Lehrer achteten sehr darauf, dass wir unsere Aufgaben erfüllten, und wer mochte es schon mit unseren Lehrern verscherzen.

Beim Übergang in die Hitlerjugend entschied ich mich für ein weniger militärisches Angebot. Ich meldete mich zum Musikzug, lernte Querflöte spielen, trommeln und Fanfare blasen. Bei den gelegentlichen Aufmärschen zogen wir stolz mit klingendem Spiel voran. Zumindest zum damaligen Zeitpunkt hatte ich mit der Ausnahme, dass die Kirche, der ich angehörte, eher kritisch einge- stellt war und wir bei den Prozessionen ein Schaulau- fen zu bestehen hatten, keine nennenswerte Distanz zum System. Die von musikalischem Pomp begleiteten Sondermeldungen über die Erfolge der Wehrmacht, die Filmberichte in den Wochenschauen, das Auftreten der politischen Prominenz des dritten Reiches bei den beeindruckend inszenierten Großveranstaltungen, die den Führer verherrlichten, die Aufmärsche der Musik- züge, Standarten- und Fahnenträger, die sportlichen Veranstaltungen, und die Führerreden, an denen wir in der Schule teilnehmen mussten, verstärkten nur das Bild eines alles in allem gut funktionierenden Appara- tes. Kritische Stimmen auch im privaten Bereich waren sehr selten. Das Abhören von Nachrichtensendungen aus dem Ausland war streng verboten.

Diese bis zu meinem 12. Lebensjahr glücklich und er- lebnisreich verlaufene Kinderzeit fand ein jähes Ende durch den Tod meiner Großmutter. Unter diesem Schock erlebte ich zum ersten Mal, dass menschliches Leben endlich ist. Ich habe die Beziehung zu meiner Großmutter in der Erzählung »das verlorene Gesicht« beschrieben. Meine Mutter war damit einverstanden, dass ich für weitere zwei Jahre bei unseren Verwand- ten in Giersbach bei Herrischried, bei denen ich vorher schon gelegentlich in Ferien war, auf deren Bauernhof wohnen dürfe. Es war für meine Mutter und mich keine leichte Trennung. Erlebnisse aus dieser Zeit habe ich in der Geschichte »Der Hotzenbischof« festgehalten.

Die Erfahrungen nach meiner Rückkehr vom Hotzenwald in meine Heimatstadt Rheinfelden in der Adoleszenz, meine Berufswahl, Freundschaften, dass Kriegsende und Erlebnisse in der Besatzungszeit werde ich in einem der nächsten Kapitel darstellen.

Der Küfermeister

Er hatte auffallend starke, kräftige Hände. Hände, die zupacken konnten. Die Finger wirkten etwas wulstig die Nägel waren nie auf Hochglanz poliert. Die schwere berufliche Arbeit hatte Schrunden hinterlassen. Wie viele Fässer mochte er als Küfermeister gefertigt und beschlagen haben? Auch wenn er von der Arbeit in einer Brauerei in der Schweiz zurückkehrte, fand er keine Ruhe. Unser Nachbar, ein bereits in die Jahre gekommener Vorrentner, erschien uns Kinder wie ein Riese, muskulös und von kräftiger Statur. Er flößte uns, wenn wir zu ihm aufschauten, allein schon durch seine Erscheinung mächtigen Respekt ein. Vater Hunsinger gehörte, ohne dass wir viel mit dem wortkargen Küfermeister redeten, in unseren jugendlichen Erfahrungsbereich. Nach getaner Arbeit widmete er sich ohne Pause unermüdlich seinem reichlich bestückten, großen Gemüsegarten. Dies war in den damaligen Kriegsjahren in der Stadt vonnöten. Unsere Mutter bekam gelegentlich von diesem Überfluss einen Korb mit Salat, Gurken, Kraut oder anderem Gemüse ab.

Wir Kinder konnten in der Nähe von Vater Hunsinger ungestört spielen. Dieser stattliche, fleißige Mann war das krasse Gegenstück zu einer eher zänkischen Frau in unserer Straße, die sich über die Unruhe, die wir verbreiteten, stets beschwerte. Er war einer der wenigen Männer, die altersbedingt nicht zum Kriegsdienst eingezogen wurden. Ich hatte Vertrauen zu ihm und beobachtete ihn gern und oft durch den Zaun bei seiner Gartenarbeit. Er wirkte immer etwas ernst. Seine vom reichlichen Alkoholgenuss schon ins Violette changierende, poröse, kräftige Nase und die von Falten zerfurchte Stirn, passten recht gut zu dem ovalen, rötlichen Gesicht mit den lebhaften, gütigen Augen.

Wenn Vater Hunsinger sich mit seinen Rosen beschäftigte, die seine große Gartenanlage umsäumten, gewann er eine besondere Liebenswürdigkeit. Ich staunte immer, wie diese übergroßen Hände beim Schneiden und Pflegen der Rosen eine Zärtlichkeit entwickeln konnten, die ich ihnen nie zugetraut hätte. Es schien, als gelte seinen Lieblingen nur alle erdenkliche Fürsorge, als habe er sich verpflichtet, die Pracht und Schönheit jeder einzelnen Rose möglichst lange zu erhalten. Wenn eine Rose ihre Blätter verlor, schien es »dem Rosen-Vater«, so nannten wir ihn, körperliches Unbehagen zu bereiten. Wir Kinder achteten diese Behutsamkeit sehr und waren nach Kräften bemüht, seinen Rosen bei unserem lebhaften Spielen nicht zu nahe zu kommen.

Es ließ sich aber nicht vermeiden, dass jedes Jahr zu Fronleichnam viele Rosen benötigt wurden. Den Mädchen fiel die Aufgabe zu, den Prozessionsweg vor dem »Allerheiligsten« mit frischen Blumenblättern zu bestreuen. Vater Hunsinger muss bei dem Gedanken, dass wieder ein Ansturm auf seine Rosen drohe, sicher schlecht geschlafen haben. Der Konflikt, den bittenden Mädchen die Körbe zu füllen und seinen Rosen kein Leid anzutun, stand ihm ins Gesicht geschrieben, wenn er sorgfältig nur die Rosen auswählte, die kurz davor standen, ihre Pracht zu verlieren. Wie konnte ein solcher Riese, den Tränen nahe unter den Geschenken leiden, die ihm die munteren Mädchen abtrotzten. Ich tröstete mich bei dem Gedanken, dass dem Rosen-Vater ja noch viele Lieblinge übrig blieben.

Eines Tages, es war ein heißer Hochsommertag, bat mich Vater Hunsinger, ihm zu helfen. Er betreute in den Kriegsjahren in einem Gasthaus die Weinfässer. Diese mussten gereinigt werden. Die Spannung nahm zu, als er mir geheimnisvoll ankündigte: Ich sei mit meiner schlanken Gestalt sehr gut geeignet, durch die Spundlöcher der Fässer zu schlüpfen, um die Reinigung vorzunehmen. Es war mir zwar mehr als mulmig, bei einem solchen Unternehmen mitzuwirken. Er sprach aber betont meinen Mut an und dass er mir das durchaus zutraue. So bei meinem jungenhaften Stolz gepackt, entschloss ich mich, nach Rücksprache mit meiner Mutter, mich auf dieses Abenteuer einzulassen.

Wir zogen los Richtung Sängerhalle, so hieß das besagte Lokal. Dort wurden wir von der Wirtin freundlich empfangen und zum Weinkeller geleitet. Es ging einige Stufen auf einer Holztreppe hinunter in einen nur spärlich beleuchteten, eher dunklen Raum. Auf Holzgestellen lagerten einige große Fässer. Nie zuvor hatte ich so etwas gesehen. Nun näherten wir uns einem Fass. Das Spundloch war offen, aber nicht sehr groß. Vater Hunsinger befestigte an meinem Hemd eine Taschenlampe und übergab mir eine an einem längeren Stiel befestigte Bürste. Seine Anweisungen waren kurz und bündig: »Schlüpfe mit den Händen über dem Kopf durch die Öffnung in das Fass!« Mir zittern ein wenig die Knie und ich überlege, ob es nicht besser wäre, in letzter Minute zu kneifen.

Ich schlucke aber meine aufsteigende Angst hinunter, erweise mich männlich, mutig und zwänge mich durch das enge Spundloch. In einem Fass war ich zuvor noch nie gewesen. Werde ich da auch wieder lebend herauskommen? Der Mut drohte mich zu verlassen. Da unterbrachen Anweisungen des Küfermeisters meine Betrachtungen: Ich solle jetzt gefälligst mit der Reinigung des Fasses beginnen. Er kontrolliere meine Arbeit durch das Spundloch und gebe mir die entsprechenden Anweisungen. Mir fiel ein Stein vom Herzen, als ich das Fass wieder wohlbehalten verlassen konnte.

Vater Hunsinger hatte inzwischen fachmännisch ein anderes Weinfass angehoben, aus dem er noch alten Wein abzapfen konnte. Zum Dank für die von mir geleistete Arbeit bot er mir ein mit Wein gefülltes Probiergläschen an. Ich wurde den Verdacht nicht los, dass er selbst inzwischen mehr als ein Gläschen getrunken hatte. Es waren einige Fässer, die ich unter der Obhut des Küfermeisters reinigte. Jedes Mal nach der gleichen Prozedur mit dem Ergebnis, dass mir ein Gläschen Wein zustand.

Nach einiger Zeit meldete sich die Wirtin wieder und kündigte an, sie habe in der Küche ein Vesper für uns zubereitet, und nachdem sie mich und Vater Hunsinger in Augenschein genommen hatte fügte sie hinzu, getrunken hätten wir wohl schon. Ich konnte kaum ein Kichern verkneifen, als der Küfermeister ernstlich versicherte, wir hätten keinen Schluck getrunken. Nun ging es seltsam beschwerlich die Treppe hinauf in die Küche. Der Gegensatz zwischen dem dunklen Weinkeller und der von einem Deckenfenster taghell beleuchteten Küche hätte nicht größer sein können.

Die Wirtin erkundigte sich, was wir zu der Mahlzeit trinken möchten. Vater Hunsinger bestand unnachgiebig darauf, dass es wenigsten ein gutes Schnäpschen sein solle. Ich konnte nur mit größter Anstrengung das Lachen unterdrücken. Eine solche Fähigkeit zu lügen hätte ich dem von mir verehrten Küfermeister nie zugetraut. Mit Dank entließ uns die Wirtin, nachdem wir gegessen hatten.

Es war äußerst seltsam und ungewohnt, als ich mit Vater Hunsinger, der auf sehr unsicheren Beinen zu gehen schien, im gleißenden Licht des Sommertages Arm in Arm nach Hause wankte. Meine Mutter erfasste schlag-

artig die Situation. Es waren keine Lobeshymnen, die
ich zu hören bekam. »Ab mit Dir ins Bett!«, herrschte
sie mich an, und danach war mir auch. Ich fiel in einen
traumlosen Schlaf und erwachte nach Stunden, ohne
irgendwie Schaden genommen zu haben. Ganz im Gegenteil. Der alte Wein, in einem keuschen Jungenma-
gen aufgenommen, hatte ein ausgesprochenes Wohlbe-
finden bewirkt.

Diese gemeinsame Erfahrung »zweier Männer« führte
dazu, dass meine Freundschaft zu unserem Nachbarn,
dem Rosen-Vater und Küfermeister, bis auf den heutigen Tag erhalten blieb.

Das verlorene Gesicht

Alles ist in tiefes Dunkel gehüllt an diesem frühen Morgen. Unser Dorf zieht sich die Decke noch einmal kräftig über die Ohren und erwacht nur zögerlich. Ich sitze in meinem erleuchteten Arbeitszimmer. Der Kampf zwischen Dunkelheit und anbrechendem Tag weckt zusehends mein Interesse. Vor meinen Augen vollzieht sich ein staunenswerter, fließender Übergang: Vor dunklem Hintergrund heben sich erste schattige Umrisse der Fichten unseres Vorgartens ab. Die Konturen der umgebenden Häuser wagen sich nur zögernd aus dem Schatten. Ein erleuchtetes Fenster da und dort, hin und wieder Auto- und Zuggeräusche geben zu erkennen, dass auch andere Menschen wach und unterwegs sind. Einige nahe gelegene Straßenlaternen lassen es sich nicht nehmen, weiter ihren Schein zu verbreiten. Unverdrossen brennen sie Löcher in die nach Wochen der Trockenheit diesige Luft. Wie getränkte Schwämme kündigen tief hängende Wolken Regen an. Die ins volle Maiengrün erwachenden Bäume und Büsche reiben sich schlaftrunken die Augen. Kein Windhauch bewegt Zweige und Blätter.

Im Osten hat sich »die Alte«, wie meine Großmutter die Sonne nannte, bereits ein Fenster in die Wolkenbänke gebrannt. In zartrosa-orangenem Ornat kündigt sie an, dass der Machtwechsel hinter den Wolken bereits vollzogen ist. In wenigen Minuten werden ihre Strahlen bis zum Abend den Tageslauf beherrschen. Die Laternen dürfen wieder ausruhen. Wir brauchen kein künstliches Licht mehr.

Gebannt verfolge ich das sich ausbreitende, die Augen blendende Licht der aufgehenden Sonne. Für einen Moment stelle ich mir vor, der verstorbene Papst Johannes-Paul würde an dieses Wolkenfenster treten, um den Segen »urbi et orbi« zu spenden. Es fehlen nur die Menschenmassen, die ihm zu jubeln. Vielleicht genügte es ihm aber an diesem Morgen, wenn ich ihm wach und mit allen Vögeln zusammen ein fröhliches »Gelobt sei Jesus Christus« zurief, um ihn und den Herrn, dem er zeitlebens diente, zu ehren. Er und seine Begleiter würden dann wie früher mit einem freundlichen »in Ewigkeit Amen« antworten.

Nicht so deutlich kann ich, was zu erwarten wäre, bei seinem Gefolge am Himmelsfenster des anbrechenden Tages das Gesicht meiner geliebten Großmutter erkennen, von der ich mich im zwölften Lebensjahr durch ihren Tod schmerzlich trennen musste. Nun bin ich selbst längst in ihrem Alter, damit auch nicht mehr allzu fern von ihr. Und sollte ich einmal mit allen Freunden dort am Himmelsfenster stehen, dann würde auch ich – mit Verlaub – alle Menschen und die ganze Schöpfung »urbi et orbi« segnen.

Franz Schwald

In der Zeit zwischen Schlafen und Erwachen habe ich mich heute sehr an meine Großmutter erinnert. So sehr, dass ich mich entschied, ihr zu Ehren in einer Erzählung fest zu halten, was ich mit ihr erleben durfte.

Wir haben uns in meiner Kindheit ein Schlafzimmer geteilt. Mein Bett befand sich neben dem Eingang in einer Ecke des Raumes. Die Großmutter schlief nicht weit von mir an der Wand zum Fenster, das zur Straße führte. Das Zimmer war ansonsten schlicht eingerichtet. Die Nacht und die Dunkelheit standen unter ihrem besonderen Schutz. Dies deutete die Großmutter immer vor dem Einschlafen an, wenn sie mich mit Weihwasser segnete. Bis auf den heutigen Tag halte ich ihren Rosenkranz, der schon einige Perlen verloren hat, in Händen. Er begleitet mich bei allen Unternehmungen. Als letzte Handlung, sozusagen als Weihwasser und Segensgebet, bete ich mich damit selbst in den Schlaf. Dieses Erinnerungsstück halte ich hoch in Ehren und würde es um keinen Preis abgeben. Wie oft mag sie diesen Rosenkranz als starke und fromme Hotzenwälderin auch für mich gebetet haben?

Im Moment sehe ich etwas deutlicher ihr Bild vor mir. Meistens trug sie hohe Hausschuhe, die mit Klammern geschlossen werden konnten. Sie kleidete sich in einen dunklen, langen Rock mit blau getönter Halbschürze und trug ein festes, den Hals umschließendes Mieder. Sie erinnert mich an Ammen, die van Gogh malte. Ihre sorgsam nach hinten gekämmten Haare waren zu ei-

nem Zopf geflochten, den sie jeden Tag säuberlich zu einer Schnecke zusammensteckte. Die Lebensereignisse
hatten tiefe Falten in das ovale Gesicht mit den gütigen
Augen gegraben. Mein Großvater, ein stolzer Schwarzwälder, der die großherzogliche Schnitzlerschule absol-
viert hatte und dessen Kunstwerke im süddeutschen
Raum und in der Schweiz verkauft wurden, nahm am
öffentlichen Leben regen Anteil. In der wirtschaftlichen
Flaute nach dem ersten Weltkrieg fanden sich kaum
Abnehmer für seine Arbeiten. Er sprach dem Alkohol
mehr zu als der Familie bekömmlich war. Ein von ihm
gefertigtes Kreuz hängt heute in unserem Wohnzimmer. Ich habe ihn sehr verehrt. Er war ja auch nicht zu
übersehen. Die ganze Wohnung war angereichert mit
Schnitzwerken, Tischen, Stühlen, Kommoden, Schränken, die von ihm gefertigt waren. Er starb lange vor
meiner Großmutter. In den Hungerjahren des zweiten
Weltkrieges tauschte unsere Mutter seinen Nachlass
und die Werkzeuge nach und nach gegen Butter, Kartoffeln, Mehl und andere Lebensmittel ein. Ich habe das
damals entrüstet abgelehnt, hätte lieber gehungert, als
die Kunstwerke meines verehrten Großvaters preis zu
geben.

Das Gesicht meiner Großmutter war gezeichnet von all
diesen Lebenserfahrungen. Sie wirkte aber nicht unzu-
frieden, eher gütig, wenngleich sie auch standhaft ihre
Ansichten und Wertvorstellungen vertreten konnte. Sie
verkörperte für mich Liebe mit Beständigkeit. Dies äußerte sich in ihrer Fürsorge für die Familie, ihren re-

ligiösen Einsstellungen und in der Gebetspraxis. Ihre von der Arbeit gezeichneten Hände griffen in den Mußestunden zum Rosenkranz oder zur Heiligen Schrift. Nie konnte ich klären, welches geheimnisvolle Büchlein sie unter ihrem Mieder in einer Tuchtasche bei sich trug. Streng katholische Theologen unserer Tage würden sicher einige Zweifel an den Glaubensgrundlagen dieser Schrift anmelden und Einspruch erheben. Dieser Talisman schien aber für meine Großmutter von besonderer Bedeutung, wenn nicht streng katholisch, dann doch in ihren Augen zu frommem Gebrauch.

In manchen schweren Stunden meines Lebens versuchte ich mich an das Gesicht der »Großmame«, so nannte ich sie im badischen Dialekt, zu erinnern. Sie schien mir für lange Zeit irgendwie aus dem Blick gekommen zu sein. Andere Geschäfte beherrschten mich. Erst nach Aufgabe meiner beruflichen Tätigkeit vor zwei Jahren, gab meine Seele nach und nach preis, was mir wichtig , aber irgendwie zur Seite geschoben war. Es drängten aber heute beim Erwachen aus dem Schlaf in der Frühe des Tages Erinnerungen an die Großmutter ins Wort.

In meiner Kindheit haben sich Erfahrungen mit Dir, Großmutter intuitiv in meine Seele eingegraben, wie Falten in Deinem Gesicht. Ich musste nicht nachdenken. Durch Deine wortlos zugewandte ständige Präsenz war die ganze Welt für mich in Ordnung. Heute stehen mir im Unterschied zur Kindheit Worte zur Verfügung, um bisher Unausgesprochenes aus der Dunkelheit des Vergessens ins helle Licht der Wahrheit zu holen. Ich schulde dies mir und meiner Großmutter!

Ja, es ist wichtig, zu erzählen, was in diesem oft schweigenden Miteinander geschehen ist. Deine Gegenwart bewirkte, dass ich mich ohne Worte wohlwollend behandelt und geliebt fühlen konnte. Unter diesem Schutzmantel konnte ich ohne Angst das vielgestaltige Leben um uns herum entdecken und erkunden. Es ging ja immer wieder zurück in den schützenden Hafen.

Dein Segen und Dein Weihwasser bewahrten mich nicht nur im Dunkel der Nacht, sondern geleiteten mich auch durch all meine kindlichen Abenteuer und Spiele. Dazwischen gab es meine drängenden Rufe, wenn ich hungrig war: »Großmama, Gutzischnitte!« schallte es aus dem Hinterhof, dann öffnete sich das Fenster und Du warst da. Deine kräftige Hand schnitt vom runden Bauernbrot ein ordentliches Stück ab, belegte es mit Butter und Marmelade und gab es mir. So gestärkt ging es wieder hinaus ins »freundliche Leben«. Ähnlich wie Sofia, meiner Enkelin, die während unseres Urlaubs in »S`Gravensande« in unserem Ferienhaus wohnte und von diesem sicheren Ort aus die Umgebung erkundete, Freundschaften schloss mit einem Entenpaar, den Muscheln am Strand und Kathrina, einem gleichaltrigen Mädchen in einem der Nachbarhäuser, so ging es mir damals unter der Obhut meiner Großmutter.

Erst heute bin ich mir bewusst, wie sehr ich Dich, Großmutter, in den vielen Lebensjahren, oft schmerzlich vermisste. Umso dankbarer bin ich, jetzt beim Schreiben zu erfahren was uns miteinander über Deinen Tod hinaus verbindet. Du warst für mich lange Zeit unerreichbar, wie ein verlorenes Gesicht. Jetzt aber muss all das Schöne nicht mehr in kindlichem Schmerz und beschämender Wortlosigkeit verborgen werden. Vielleicht tritt Dein liebes Gesicht noch deutlicher hervor, wenn ich in dieser Erzählung fortfahre.

Ich erinnere mich sehr wohl an kleinere und größere gemeinsame Erlebnisse:
Wir befinden uns in einer der Kriegsweihnachten. Vorräte waren kaum vorhanden. Die Lebensmittel reichten nur für das Nötigste. Meine Mutter war mit Bruder Hans zu Besuch bei Verwandten. Zusammen mit der Großmutter befand ich mich am Heiligen Abend in der Küche. Ich war schon in dem Alter, um zu wissen, dass üblicherweise an diesem Tag Geschenke ausgeteilt werden. Wir besaßen aber nichts, rein gar nichts, nicht einmal einen Weihnachtsbaum. Dennoch gab es für mich kaum Anlass zu übermäßiger Trauer. Meine Großmutter war ja da. Sie saß auf einem Stuhl und las, wie so oft, in der Heiligen Schrift. Ich spielte zu ihren Füßen, die sie auf einem Hocker gelagert hatte.

Plötzlich geht die Türe auf: Ein älteres »Fräulein« tritt ein. Mit einem lieben Gruß von Pfarrer Dold und ihren Segenswünschen zum Weihnachtsfest händigt sie mei-

ner Großmutter eine schön verpackte Flasche Wein, mir
eine Spielmaus zum Aufziehen und eine Tafel Schokolade aus. Diese Überraschung war wirklich gelungen.
Nun gehörten auch wir zu den Beschenkten. Die Weih-
nachtsengel haben sicher unseren Dank vor Gottes
Thron getragen. Vielleicht ist sogar dem »armen Kind
in der Krippe« ein Lächeln übers Gesicht gehuscht. Dem
sorgsamen Josef und der Mutter mit dem großen Herz
ist unsere Freude sicher nicht entgangen. Gehörten wir
doch als Glieder einer Josefspfarrei, ein wenig mit zur
heiligen Familie. Viele Jahre hielt ich beharrlich an der
Vorstellung fest, dies sei mein schönstes Weihnachtsfest gewesen. Und ich kann nicht leugnen, dass auch
auf andere Feste, bei denen wir unsere Kinder reicher
beschenkten, immer ein wenig Glanz aus alten Zeiten
fiel.

Eines Tages strapazierten wir aber den guten Willen unserer Großmutter erheblich. Die älteren Spielkameraden
drängten mich und meinen 4 Jahre jüngeren Bruder,
bei unserer Großmutter Fürbitte einzulegen. Wir hatten
geplant, auf der kleinen Wiese in unserem Hausgarten
einen Bunker zu bauen. Zu diesem Zweck hoben wir
entgegen den Erwartungen unserer Großmutter ein
quadratisches, etwa ein Meter tiefes Erdloch aus. Holz-
Stempel in der Mitte und den Ecken, deckten wir mit
Brettern ab, schütteten Erdreich darüber, deckten alles
mit dem Rasen zu und ließen nur einen mit einer Holz-
türe versehenen Eingang frei. Wir Buben versammelten
uns vor Blicken geschützt auf kleinen Bänken in unse-

rem Bunker und ließen die ersten Zigaretten kreisen. Die Großmutter gab deutlich zu verstehen, dass ihr unser Versteck nicht gefiel. Trotz ihrer fortbestehenden Bedenken, blieb uns der Bunker aber längere Zeit erhalten.

Du, Großmutter, warst offensichtlich einmal sehr krank. Davon habe ich damals aber gar nicht so viel mitbekommen. Ich erkannte dies nur an Deinen Vorbereitungen: Auf dem kleinen Tisch in unserem gemeinsamen Schlafzimmer stelltest Du ein Tischkreuz auf. Links und rechts davon brannten zwei Kerzen, die besondere Feierlichkeit ausstrahlten. Eine kleine weiße Decke diente als Unterlage. Ich war in ahnender Erwartung, denn Pfarrer Dold war zur Krankenkommunion angesagt. Es wollte damals kaum in meinem kleinen Kopf hinein, dass nicht nur der verehrte Pfarrer, sondern der Herr selber, der liebe Gott, zu uns kommen wollte. Denn damals war mir sonnenklar, dass wir nicht zu den Reichen und Begüterten unserer Stadt gehörten. Um so ergreifender war es für mich, mir vorzustellen, dass sich Gott in solcher Armut wohl fühlen könne.

Damals war es mir nicht möglich auszudrücken, was dieser Krankenbesuch des Pfarrers in unserer Wohnung für mich bedeutete. Mir fehlten die Worte. Aber schweigend erlebte ich diese Feier wie ein Stück Himmel auf Erden. Der unendliche Gott zu Gast bei Menschen, die nichts anderes besaßen als die Bereitschaft, ihn freundlich aufzunehmen. Ja, Franz, so würdest Du zu mir sagen: Auch für mich, Deine Großmutter, war es ein großes Geschenk, dass Pfarrer Dold mich besuchte und mir die Krankenkommunion spendete, und Dich, Franz, in meiner Nähe zu wissen. So sei es! Es war für den Priester und seine kleine Gemeinde ein Fest der Liebe. Das soll uns niemand rauben, nicht einmal der Tod.

Aus vielen Gründen habe ich von Kindheit bis zum heutigen Tag Respekt und Achtung vor Menschen bewahrt, die ihr Leben in Anstand zu Ende leben. Auch als Knabe suchte ich immer Gelegenheiten, meine Großmutter zu unterstützen. Ich übernahm die Einkäufe, versorgte uns mit Lebensmitteln, bekam in der Metzgerei mein obligates Wurststück zur Belohnung ab und half auf einem kleinen Leiterwagen Kohlen und Briketts nach Hause zu transportieren. Stolz begleitete ich die Großmutter zu den Ämtern, füllte für sie die Formulare aus und ersetzte ihr, als ich lesen konnte, die Brille. Es machte mich immer sehr zornig, wenn Menschen sich »Alten« gegenüber unehrerbietig verhielten. Denn die Erwartung blieb in mir immer wach, dass auch ich einmal, was ja nun der Fall ist, selbst alt und gebrechlich werden könnte.

Im Alter von 12 Jahren zerriss der Schnitter Tod grausam diesen bis dahin ungetrübten Kinderhimmel: Es ist ein heißer Sommertag, Du, Großmutter, kommst herunter in den Hof, um beim Holz-Sägen behilflich zu sein. Plötzlich greifst Du Dir an die Brust. Es ist Dir offensichtlich unwohl. Ich bin sofort in größter Unruhe und Sorge. Es durfte Dir ja nichts geschehen, denn Du warst so unendlich wichtig für mich. In Deiner Gegenwart konnte ich frech sein, weil ich mich geliebt fühlte. Unter diesem Schutz war ich ein gern gesehener Gast bei Händlern und Handwerkern. Ein wissensdurstiger, lebendiger Junge und oft Anführer seiner Freunde. Was konnte ich jetzt noch für Dich tun?

Ich habe Dir, Großmutter, meinen Arm gereicht und Dich einige Stufen hinauf bis zum ersten Treppenabsatz gestützt. Ohne ein Wort zu reden brachst Du in die Knie. Ich fing Dich mit meinen Armen auf, ohne zu wissen, dass du gestorben bist. Lediglich der entsetzliche Aufschrei meiner Mutter, die herbeigeeilt, angesichts der sterbenden Mutter wie Espenlaub zitterte, ließ mich erahnen, dass etwas Schreckliches geschehen war. Wie von Furien gepeitscht rannte ich durch die Stadt, damit unser Hausarzt das Unheil wende. Ich wollte es nicht wahr haben, dass meine geliebte Großmutter in meinen Armen gestorben war. Als ich mit dem Arzt zurück kam, lagst Du still, ohne zu atmen auf einem Bett in unserer Wohnung. Ich stand wie erstarrt, konnte kein Wort sagen und war von unsagbaren Ahnungen gepeinigt, als ob mich nun niemand mehr liebend durchs Leben geleiten könnte. Ich konnte keine Kränze oder Friedhofsbepflanzungen mehr riechen. Die Beerdigung lief an mir wie im Nebel vorüber. Der Friedhof und das Totenhaus, in dem Großmutter gelegen hatte, machte mir Angst. Ich fürchtete und hasste von da an den Tod, der so lebenswichtige Bindungen gewaltsam zu zerstören vermag. Mit 12 Jahren fühlte ich mich von der sorglosen Kindheit getrennt, entsetzlich erwachsen und allein gelassen.

Wie sollte ich mein Leben weiter führen können? Großmutters Tod war damals einfach zu viel für den kleinen Franz. Und sie würde heute antworten: »Ja, Franz Du hast recht. Es war auch für mich sehr bitter, dass ich nicht weiter für Dich sorgen kann. Lass uns aber heute das lange Schweigen beenden, uns in das Unabwendbare ergeben und mit lieben Worten Abschied nehmen: Ich danke Dir, Franz, dass Du mich nicht nur bei meinem Tod in Deinen Armen gehalten, sondern auch in Deinem liebenden Gedenken aufgefangen hast. Es lebt sich selbst im Himmel leichter mit einem guten Freund auf Erden. Ich lasse für Dich ein Himmelsfenster offen, damit Du mein Gesicht ab und zu sehen kannst. Du wirst nie ohne Weihwasser und meinen Segen sein. Bete an meiner Stelle den Rosenkranz weiter und lass Dich von der Heiligen Schrift und guten Menschen trösten. Der Schnitter Tod kann uns zwar trennen. Er vermag aber all das, was wir miteinander erleben und erleiden durften, nicht zu zerstören.«

Damals im Alter von 12 Jahren traf mich der Tod meiner Großmutter völlig unvorbereitet und so überwältigend, dass ich nur die Augen verschließen und verstummen konnte. Jahrelang war es mir unmöglich, mich an das Gesicht meiner Großmutter zu erinnern. Die Erfahrung dieses Verlustes hatte unfähig gemacht, mich an die glücklichen Tage meiner Kindheit und die schönen Erlebnisse mit ihr zu erinnern. Gleichzeitig war es zeitweise auch schwer, daran zu glauben, dass die Liebe die Nacht wie die Sonne wirklich besiegen könne. Der herbe Verlust erschwerte es auch, mich angstfrei auf die im Alter zunehmenden Begegnungen mit dem Sensenmann einzulassen, das Leben als einen Totentanz zu verstehen. Der Gevatter erscheint mir offen gestanden wenig einladend. Ihn, den eigenen realen Tod nicht zu befehden, sondern wie einen Partner zum Tanz zu bitten, davon bin ich noch ein Stück entfernt. Obwohl mir sein dürres Gerippe nicht sonderlich sympathisch ist, bin ich mir bewusst, dass er todsicher auch auf mich wartet. Ich verstehe aber heute besser als in meiner Kindheit, dass der ungeheure Schmerz über den Verlust der Großmutter auch in Verbindung zu sehen ist mit allen anderen schmerzlichen Enttäuschungen und Trennungen in meinem Leben, und dass dies letztlich alles Begleiterscheinungen des eigenen Sterbens sind.

Nun ist ins Wort gefasst, in die Wahrheit gestellt und für mich und meine Freunde festgehalten, was im Grunde unzerstörbar ist. Jetzt kann ich meine Großmutter am »Himmelsfenster« neben dem Papst erkennen und allen, die es wissen wollen, erzählen, welche schöne Kindheit ich unter ihrer Obhut erleben durfte. Sie hat wieder ein Gesicht. Ein wenig österlicher Friede kommt auf. Du weist, Großmutter, ich habe meiner Mutter, Deiner Tochter, vor ihrem Ableben Osterlieder gesungen, als sie die Krankenkommunion erhielt. Sie gelten auch Dir: Christus hat den Tod besiegt, ER ist wahrhaft auferstanden. Das EWIGE WORT lebt!

Die Hotzen
und ihr »Bischof«

Die längere Hitzeperiode des Sommers ist zu Ende. Ein erfrischendes Lüftchen lädt zu einer Pause ein. Auf den weichen Polstern meiner Liege werde ich aufmerksam und hellhörig für alles, was in mir und um mich herum geschieht: Bäume und Büsche stehen in sattem Grün, dazwischen leuchten rote und weiße Rosen. Kinder eilen nach Hause zum Mittagstisch. Eine muntere Gesellschaft, deren Unterhaltung ich mit Vergnügen folge. Eine helle Stimme macht auf eine Entdeckung aufmerksam: Eine tote Maus, eine tote Maus und noch lauter, als die anderen nicht hören wollen: eine tote Maus! Stille. Offensichtlich sind die Kinder gerade dabei, die Maus näher zu untersuchen. Eine aufregende Sache!

Für eine Weile überlasse ich mich den Kinderstimmen in wärmender Sonne. Wie an einer Perlenkette aufgereiht tauchen Bilder und Erinnerungen auf, die mich in die eigene Kindheit zurückführen: Zum Greifen nahe steht der unter seinem tief gezogenen Dach Schutz bietende Bauernhof meiner Verwandten auf dem Hotzenwald vor mir. Leuchtende Blumen und üppiges Gemüse im Vorgarten kommen in den Blick. Ich vernehme, wie früher in der Sonntagsruhe, das beruhigende Gackern der Hühner, die den Hof zufrieden pickend umkreisen, und ab und zu einen stolzen Hahnenschrei. Vor dem Haus steht wie eh und je der Brunnen, Tag und Nacht mit beruhigendem Plätschern verbindend.

Wir treten in das Berger-Haus, das nach langer Zeit in meiner Fantasie ein wenig verändert wirkt. Gerade dadurch bewahrt es seinen ihm eigenen Charakter, den ich als zwölfjähriger Knabe schon intuitiv erfasste, heute aber, in zeitlichem Abstand, viel intensiver wahrnehmen kann. Ein herber Duft aus Stallungen, Scheune und Wirtschaftsräumen erfüllt das Gehöft. Bis in die Kleidung dringt dieser »Hotzen-Weihrauch« und kennzeichnet unverwechselbar die Herkunft der Bewohner.

Da ist sie wieder, die geräumige Bauernstube, hell, freundlich. Die Sonne scheint durch die gemütlichen Fenster mit den von der Berger-Mutter sorgsam gepflegten, rot leuchtenden Geranien. Im Herrgottswinkel steht der weiß gescheuerte Tisch mit einer Eckbank und kräftigen Bauernstühlen. Das Kreuz, hinter dem Tisch erhöht, mit stets frischen Blumen versehen, schmückt den Raum. Durch die nordöstlichen Fenster kann man den Turm und die Umrisse der kleinen Kapelle von Giersbach erkennen, deren Glocken zum Kirchgang laden und mit hellem Klang Mittag und Abend ankündigen. Übers Eck, der Küche zu gelegen, steht eine dreistufige aus dunkelgrünen Kacheln gebaute Kunst. Sie gibt in den langen, kalten Wintern behagliche Wärme ab und lädt zu Gesprächen ein. Zwei mit Geschirr prall gefüllte Kommoden, auf denen Photos der Angehörigen sorgfältig aufgebaut sind, ergänzen die Einrichtung. Neben der Tür hängt die alte Wanduhr. Täglich vom Berger-Vater mit rasselndem Geräusch bedächtig aufgezogen, füllt ihr beruhigendes Ticken bis zum nächsten Stundenschlag den Raum.

Wir befinden uns nun im kleinen Flur, in dem die possierlichen Katzen nach einem lockenden »Zi-Zi-Pus-Pus« von der Berger-Mutter gefüttert werden. Die lehmgestampfte Küche mit dem niederen holzbeheizten Herd, dem Backofen, der zugleich die Kunst erwärmt, einem Bord für das einfache Geschirr, dem gescheuerten Küchentisch mit Stühlen, zur Westseite mit einem Spülstein und dem »Separator«, ausgestattet, ist das Reich der Hausfrau. Als Junge hatte ich eine Technik entwickelt, die es mir erlaubte, mich für die Arbeit am Separator gleich selbst zu entlohnen: Ich beugte mich hinter das von Hand zu bedienende Gerät und trank, direkt aus der Abflussleitung, den von der Magermilch geschiedenen Rahm in genüsslichen Zügen. In dieser Küche fiel mir das besondere Verhalten der Schweine auf: Ich kam zur Erkenntnis, dass Schweine, entgegen der allgemeinen Erwartung, offensichtlich recht kluge Tiere sein müssten. Beim Ausmisten ihres Stalles wurden sie gewöhnlich in die Küche getrieben. Sie wehrten sich aber vehement, wenn der Metzger zur Vorbereitung der Hausschlachtung in der Küche hantierte, als ob sie ihr bevorstehendes Ende ahnten.

Nun nähern wir uns den an die Küche angrenzenden Stallungen mit den endlos wiederkäuenden Kühen, Ochsen, Rindern, Kälbchen. Sie werden von der angrenzenden Scheune aus mit Futter versorgt und in der Stallung getränkt. Hier lernte ich, die Tiere zu füttern, zu tränken, den Stall auszumisten, die Kühe zu melken und geschickt ihren dauernd wedelnden, oft feucht triefenden Schwänzen auszuweichen.

Mein besonderes Interesse galt der südlich an die Stube und das Schlafzimmer der Berger-Eltern angrenzenden Werkstatt. Hier ließ sich alles finden, was einen Jungen interessierte: Werkzeuge, Maschinenteile, ein Dengelstock, die Werkbank und unzählige Ersatzteile. Ein Bastelparadies! Von da aus gelangen wir mit wenigen Schritten in die geräumige Scheune mit den diversen Wagen, dem Zaunzeug, den Mähmaschinen, Heuwendern, dem Heuaufzug und Häcksler. Hier riecht es nach frisch geschnittenem Gras, Heu und Kartoffeln. Zwei Erlebnisse blieben besonders haften: Bei der Heuernte durfte ich einen Wagen laden. Das relativ langstielige Heu erlaubte es, den Wagen sehr breit auszuladen. Ich drückte nun die Gabel des Heuaufzuges beim Abladen kräftig in Längsrichtung des Wagens ein, in der Erwartung, eine besonders große Heumenge aufziehen zu können. Zu meinem großen Schrecken hob sich aber das Heu nicht, als ich den Aufzug bediente. Die mit der Gabel gefasste Heumenge war zu schwer. Es knarrte aber über mir im Gebälk verdächtig, denn die auf der Zwischendecke montierte Seilwinde zog an Stelle des Heus das Deckengebälk in die Höhe. Was tun? Ich könnte versuchen. den Aufzug so zu bedienen, als wollte ich das Heu wieder ablassen. Und siehe da: Wie erhofft, rührte sich die Aufzugsgabel im Heu nicht von der Stelle, sondern das Gebälk über mir, auf dem die Seilwinde befestigt war, senkte sich zu meiner Beruhigung wieder in die Ausgangslage.

Die zweite Geschichte handelt von einer zweirädrigen Mähmaschine, die wie ein Pflug geführt wird und vorn mit einem breiten Messerbalken versehen ist. Gelegentlich wurde sie, um auf der Straße schneller voran zu kommen, mit größeren Rädern ausgestattet. Ich legte beherzt den Gang ein, ließ wie bei kleineren Rädern die Kupplung los, doch oh Schreck! Die Maschine schoss mit doppelter Geschwindigkeit aus der Scheune, zog den überraschten Steuermann hinter sich her und kam an einem hölzernen Leitungsmast, in den sich die Zinken des Messerbalgens tief einbohrten, endlich zum Stillstand.

Unter dem breit ausladenden Dach des Bauerhauses wird Holz für die kalte Jahreszeit gespeichert. Auch Kaninchen finden darunter in ihren Ställen Platz. Neben dem Haus befindet sich ein großer eingezäunter, von der Berger-Mutter gehegter, besonderer Gemüsegarten, eine Bünte, in dem auch Beerensträucher gezogen werden.

Wie in einem Film reihen sich in meiner Vorstellung die Bilder aus der Zeit meines zweijährigen Aufenthaltes

auf dem Hotzenwald im Wechsel der Jahreszeiten aneinander. Nur die Sonn- und Feiertage unterbrechen diesen Rhythmus. Am Morgen geht es mit den Hühnern
aus den Federn. Die Glocke der Dorfkirche erinnert an
die Mittagszeit und lässt mit hellem Ton den Tag in die
Nachtruhe ausklingen. Dann übernimmt der Brunnen
vor dem Haus die Aufgabe, den Jungen von damals in
den Schlaf und die Träume zu wiegen.

Wir befinden uns in den Kriegsjahren 1942-44: Der älteste Sohn der Bergerfamilie war schon als Soldat im
Kampf gefallen. Die Eltern trauerten sehr um ihren Josef. Die Bergermutter versorgte mit Hingabe die beiden
anderen Söhne mit Feldpostbriefen und Päckchen. Mir
blieb es vorbehalten, alles zur Post nach Herrischried
zu tragen. Um den Verlauf des Kriegsgeschehens besser
verfolgen zu können, hörten wir oft verbotener Weise
den Schweizer Radiosender Beromünster. Der Berger-
vater schulterte jeden Tag seine Krücke oder den Besen,
zog die Mütze auf, die ihn als Straßenwärter kenntlich
machte, und zog stolz aus dem Haus, um seinen Dienst
zu versehen.

Die meisten Männer sind mitten im zweiten Weltkrieg
als Soldaten im Kampf eingesetzt. Frauen, alte Männer
und Jugendliche füllen die entstandenen Lücken und
sorgen für das Nötigste. Auch mein Vater ist im Krieg. In
der Stadt sind die Lebensmittel knapp, sodass ich nach
dem Tod meiner Großmutter das Angebot, bei meinen
Verwandten auf dem Hotzenwald für zwei Jahre auf

dem Bauernhof zu wohnen, gerne annahm. Mit annähernd 12 Jahren fühlte ich mich damals sehr erwachsen. Es war zwar traurig, Mutter und den jüngeren Bruder Hans in der Stadt zurückzulassen. Die Erwartungen und Spannung auf das, was es in der neuen Umgebung zu entdecken geben könnte, überwogen aber.

Von Rheinfelden nach Säckingen mit dem Zug war mir das Terrain von gelegentlichen Kaffee-Besuchen mit der Mutter bekannt. Dort stieg ich dann mit kleinem Gepäck – meine Mutter hatte die nötigen Kleidungsstücke schon per Post zum Versand gebracht – in einen großen »gelben Postomnibus«. In immer neuen Kehren gewannen wir den Eggberg hinauf rasch an Höhe, ließen die Rheinebene weit unter uns und näherten uns über Rickenbach der Endstation Hetzlemühle, kurz vor Herrischried.

Dort stieg ich mit meinem kleinen Rucksack aus, um zu Fuß der Landstraße entlang nach Giersbach zu wandern. Weit und breit war kein Mensch zu sehen. So konnte ich es mit nur wenig schlechtem Gewissen wagen, meine erste Zigarette zu rauchen. Aus unerfindlichen Gründen hatte ich zu Hause eine Packung »Eckstein« ergattert und Streichhölzer eingesteckt. In Erwartung des bevorstehenden »Genusses« entnahm ich der Packung eine Zigarette, klopfte sie an einem Ende glatt, wie ich es bei Männern gesehen hatte, und zündete sie mit nun dokumentierter Männlichkeit an. Gelegentlich stäubte ich die Asche bei leicht gestrecktem Arm seitlich ab und genoss diese Geste in vollen Zügen. Nach einer halbstündigen geruhsamen Wanderung gab ein letztes kurzes Waldstück den Blick auf mein neues Domizil Giersbach mit der kleinen Kapelle am Ortseingang und dem kurzen Wegstück links der Straße, das zum Berger-Haus führte, frei.

Dort standen direkt neben dem kleinen Brunnen vor dem Haus meine Verwandten zum Empfang bereit: Die Bergermutter mit ihrem rotbackigem, freundlichen Gesicht, den weißen zu einem Zopf nach hinten gekämmten Haaren, der großen Schürze und ihren von der Arbeit etwas rauen Händen. Hinter ihr unter der Haustür der untersetzte Bergervater, der etwas verlegen und nervös an seinem buschigen Schnurrbart zupfte. Daneben Alfons, der jüngste Sohn, der damals, bereits gemustert, sehnlichst auf seinen Stellungsbefehl wartete.

Mit aufmunternden Worten geleitete mich die Familie in die Stube, die nun für längere Zeit Ort gemeinsamer Mahlzeiten und wichtige Begegnungsstätte mit den Verwandten und deren Freunde werden sollte. Mir fielen die Photos des gefallenen Sohnes Josef und des mittleren Sohnes Fridolin in ihren Wehrmachtsuniformen auf. Ich bekam das Haus gezeigt, den Schlafraum der Berger-Eltern neben der Stube, das Zimmer Fridolins neben dem Eingang und mein Schlafzimmer, das ich mit dem jüngsten Sohn im Obergeschoß teilte. Alfons machte mich wohlwollend darauf aufmerksam, dass die in unserem Schlafzimmer neben den Speckseiten hängenden kleinen Rauchwürste ganz hervorragend schmeckten. Nach den ersten Eindrücken fiel ich am Abend unter dem monotonen Rauschen des Brunnens in einen erquickenden Schlaf.

Alfons wurde in allen Bereichen der Landwirtschaft mein bestaunenswerter Lehrmeister, ansonsten nahm mich die Bergermutter liebevoll unter ihre Fittiche, so dass kaum Langeweile aufkommen konnte. Ich lernte rasch den Umgang mit dem Vieh im Stall, das immer, auch an Wochenenden, versorgt sein wollte. Die Wetterlage im Jahreskreislauf wies uns die Aufgaben zu, die ausgeführt werden mussten. Im Frühjahr und Herbst wurden die Felder gedüngt: Stolz thronte ich auf dem Jauchefass und half den Mist auf den Feldern zu verteilen. Ich begleitete Alfons beim Pflügen, Eggen und Säen. Lernte mit der Sense umzugehen, ging mit ihm zu den Waldarbeiten, half im Sommer und Herbst beim Mähen, bei der Heu- und Kartoffelernte, beim Einholen der Frucht. Im Winter wurden Reparaturen am Haus vorgenommen und Geräte instand gesetzt. Gelegentlich durfte ich den Bergervater begleiten, wenn Straßen in seinem Bereich ausgebessert und geteert wurden. In strengen Wintern mussten Räumkommandos bei Tag und Nacht einen kleinen Weg durch meterhohe Schneewechten frei schaufeln. Es blieb aber ausreichend Zeit, um sich in der Stube auf der Kunst zu wärmen, mit den Katzen zu spielen und den spannenden Geschichten der Bauern und Bäuerinnen zu lauschen, die oft zu Besuch kamen.

Ohne es richtig zu bemerken, wurde mit der Zeit aus einem Stadtkind ein rechter Bauernjunge. Ich ging einen langen Weg von Giersbach nach Kleinherrischwand zur Schule und war in einer gemischten Klasse mit Buben und Mädchen zusammen. Das Lernen machte mir wenig Mühe, so dass ich mich in der Klasse gut zu behaupten verstand. Dies umso mehr, da wir als Lehrerin eine hübsche, freundliche Elsässerin hatten, in die ich mich jungenhaft verliebte.

Mit der fleißigen und frommen Bergermutter war ich täglich zusammen. Sie erinnerte mich an meine Großmutter, die ich nach deren Tod oft schmerzlich vermisste. Die Bergermutter hielt mich an, und ich ging gerne mit ihr zu den Gottesdiensten in die Kapelle in Giersbach und in die Pfarrkirche nach Herrischried. Gelegentlich gab es im Berger-Haus eine »Notschlachtung«, denn nur dann durfte das Fleisch zu eigenem Verzehr verwendet werden. Der Pfarrer wurde dann reichlich mit frischem Fleisch und Geräuchertem bedacht. Es interessierte die Köchin auch nicht besonders, ob es sich bei dem Geschenk um Fleisch von einer wirklichen oder fiktiven Notschlachtung handle. Zu meiner größten Verwunderung besaß die Köchin auch mitten im Sommer noch Weihnachtsgebäck, um den Träger zu entlohnen.

Ganz deutlich treten nun die hagere, leicht nach vorn geneigte, große Gestalt, das von Falten zerfurchte Gesicht mit dem energischen Kinn, den lebhaften, gütigen

Augen und dem leicht gewellten schlohweißen Haar des Herrischrieder Pfarrers aus dem Strom der Erinnerung hervor. Die Bauern nannten ihn liebevoll »ihren Hotzenbischof«. Stolz trug er seinen Römerkragen, unentwegt bemüht, seine weit zerstreute Gemeinde bei Wind und Wetter zu betreuen.

Die Bergermutter führte das Familien-Privileg, die Geistlichen zu verköstigen, wenn sie wöchentlich in der Kapelle Gottesdienst hielten, gern und getreulich fort. Sie war dabei immer ein wenig aufgeregt, richtete die Stube fein her, deckte den Tisch mit dem schönsten Geschirr und bediente den hohen Herrn mit besonderer Sorgfalt. Der Bergervater zog sich indessen immer etwas verlegen zurückzog, um ein Zusammentreffen mit dem Pfarrer zu vermeiden. Mich wunderte es als Junge sehr, wie es kommen konnte, dass die Bergermutter mitten im Krieg in der Lage war, Bohnenkaffee anzubieten und weshalb es nötig sei, der guten Milch noch zusätzlich Sahne hinzu zu fügen.

Jedes Jahr in der Fastenzeit war Patrozinium. An diesem Tag wurde eine Torte mit violettem Zuckerguss serviert. Pfarrer Rombach wusste sicher nichts davon, dass ich während des Frühstücks der Herren beim Melken im Stall fast verzweifelte bei der Vorstellung, dass der Pfarrer und ein zusätzlicher Vikar mir nichts mehr von der Torte übrig lassen könnten. Ich bekam aber zu meinem Trost noch ein ausreichendes Stück ab.

Es war eine kleine, fromme Gemeinde, die sich zu den wöchentlichen Gottesdiensten in der schlicht eingerichteten Kapelle einfand. Hier war ich ganz dicht hinter dem Priester dem heiligen Geschehen besonders nahe. Ich folgte den Gebeten und Handlungen mit großer Aufmerksamkeit und sehe den Pfarrer in seinem römischen Messgewand vor mir, wie er, andächtig ergriffen, seinen Rücken beugt, die Einsetzungsworte spricht, die konsekrierte Hostie zur Anbetung hoch hält, die Kommunion austeilt und uns den Segen spendet. Alles geschieht in beeindruckender Würde und Feierlichkeit, und die wenigen, kräftigen Stimmen schenken Geborgenheit und füllen den Raum zum gemeinsamen Gotteslob.

Auf Pfarrer Rombach konnten wir uns verlassen. Er kam bei jeder Witterung zu Fuß. In einem besonders strengen Winter bei hohem Schnee und Nebel gab es einmal eine große Aufregung, als er ausblieb. Einer rasch zusammen gestellten Rettungsmannschaft gelang es schließlich, ihn zu unserer Freude wieder zu finden und gesund nach Giersbach zu bringen. Pfarrer Rombach genoss wegen seiner seelsorgerischen Pflichterfüllung und den Kontakten zu den ihm Anvertrauten als fürsorglicher Vater und Freund hohes Ansehen.

Er ließ es sich nicht nehmen, soweit es seine Kräfte erlaubten, mit anzufassen um der Berger-Familie bei der Heuernte zu helfen. Man fand ihn dort bei den Frauen, denen er half, das Heu mit dem Rechen zu Mahden zusammenzuziehen.

In den Kriegsjahren war Pfarrer Rombach untersagt, in der Schule zu unterrichten. Wir trafen uns daher in einem der Schule nahe gelegenem Bauernhaus. Er stand mit lebhaften Gesten in der einfachen Stube. Wir Buben und Mädchen scharten uns dankbar und stolz auf Wandbänken und Stühlen um ihn. Anschaulich, bildhaft, lebendig und einprägsam erklärte er uns die Glaubensgeheimnisse und erschloss uns die Schrift. Er bewirkte durch seine Standhaftigkeit, dass auch wir ermuntert wurden, unseren katholischen Glauben zu lieben und in einer Zeit zu bekennen, in der die damaligen Machthaber dies nicht schätzten.

Gerade in den Kriegsjahren scharten sich nicht nur die Gläubigen um ihren »Hotzenbischof«. Mutig leistete er in der Kraft seines Auftrags und Glaubens den Nationalsozialisten entschiedenen Widerstand. In der Pfarrkirche donnerte er von der Kanzel: »Ich bin ein Soldat Gottes und ich weiche nicht von der wahren Lehre!« Die Gestapo saß im Kirchenschiff und stenographierte seine Predigt mit, wagte aber nicht, ihn zu verhaften. Dies hätte zu einem Aufstand der Katholiken geführt, denn Pfarrer Rombach hatte einen großen Rückhalt in der ganzen Bevölkerung.

Wie den Kindern, die zu Beginn dieser Geschichte sehr aufgeregt waren und dann verstummten, als sie mitten im Spiel eine tote Maus fanden, geht es auch mir, wenn ich mit dem Alter immer mehr mit überraschenden Todesfällen konfrontiert werde. Gelegentlich halte ich das Sterbebild des »Hotzenbischofs« stumm in meinen Händen, der nach einem treuen und erfüllten priesterlichen Leben in einem violetten Messgewand in seinem Sarg liegt. Er hat seinen Frieden beim Herrn wahrlich verdient.

Dem aufrechten und treuen Priester, Pfarrer Rombach, schuldete ich schon länger eine Geschichte, in der lebendig werden sollte, was mich mit ihm, dem Hotzenwald und den Menschen dort verbindet. Dieses Versprechen musste ich einlösen!

Eine bewegte Zeit

Wir befinden uns im fünften Jahr des auf allen Seiten unter großen Verlusten geführten zweiten Weltkrieges. Die deutschen Truppen ziehen sich nach anfänglichen Erfolgen an allen Fronten zurück. Viele Städte liegen zerbombt in Trümmern. Dennoch werden über die Medien Durchhalteparolen verkündet. Es kursieren Nachrichten, die eine Wende zu unseren Gunsten durch geheime Waffen versprechen. Die Menschen sind des Krieges überdrüssig, viele Soldaten verletzt, gefallen oder in Gefangenschaft geraten. Werber bemühen sich dennoch, Jugendlichen »in letzter Stunde« den Waffendienst zu empfehlen.

Zwei Jahre bis ins Frühjahr 1944, wohnte ich mit Billigung meiner Mutter in einem Bauernhaus bei Verwandten auf dem Hotzenwald. Die Bergers hatten mich wie einen Sohn aufgenommen. Ihre eigenen Söhne waren als Soldaten im Krieg, der älteste Sohn bereits gefallen. In dieser Zeit litt ich keine Not. Ich arbeitete wie die anderen Bauernbuben im Jahreskreislauf im Stall und auf den Feldern mit und hatte gut und genug zu essen.

Die Berger-Mutter mit ihren roten Wangen, den aufmerksamen blauen Augen und den nach hinten zu einer Rolle geflochtenen, grauen Haaren war tief religiös. Der stämmige, mittelgroße, Berger-Vater war stolz auf seinen Nebenberuf als Straßenwärter. Nach den wöchentlichen Gottesdiensten in der kleinen Kapelle kam unser Pfarrer, einer alten Tradition zufolge, ins Bergerhaus zum Frühstück. Er scheute sich nicht, wenn Not an Mann war, bei der Heuernte mit an zu packen. In meiner Erzählung »Die Hotzen und ihr Bischof« habe ich mich dankbar seiner erinnert. Als ihm die Nationalsozialisten den Zutritt zur Schule verwehrten, gab er uns Religionsunterricht in der Stube eines Bauernhauses. Dies verband uns Buben und Mädchen noch mehr mit unserem Pfarrer, der uns in schweren Zeiten ein Vorbild war. Ich folgte seinen überzeugenden Worten, mit denen er über unseren katholischen Glauben sprach, mit großer Aufmerksamkeit und stellte viele Fragen. Er belobigte mich im Abschlusszeugnis als seinen besten Schüler.

In der 7. und 8. Klasse besuchte ich die Schule in Kleinherrischwand. Einige der Buben und Mädchen lernte ich in diesen zwei Jahren näher kennen. Den Jungen war ich zwar körperlich unterlegen, sie respektierten mich aber der schulischen Leistungen wegen. Unsere Lehrerin, eine hübsche Elsässerin, die sich oft in verführerischer Pose mit ihrem kurzen Rock auf die ersten Bänke setzte, habe ich nicht nur wegen ihres lebendigen Unterrichts angehimmelt.

Zu Ostern 1944 war die Schulzeit zu Ende. Mein Vater hatte mir in einem seiner Briefe Ende August 1943 mitgeteilt, dass er als Gebirgsjäger bereits seit 4 Jahren an verschiedenen Fronten im Einsatz sei. Er ließ mich wissen, dass er mich in jeder Hinsicht bei meiner Berufswahl unterstütze. Ich könnte bei ihm in Karlsruhe wohnen, falls ich den Besuch einer Hochschule anstrebte. Nach einem Gespräch mit meiner Mutter entschied ich mich, wieder nach Rheinfelden zurück zu kehren. Ich beabsichtigte, eine kaufmännische Lehre zu beginnen, da mir dies aus damaliger Sicht wünschenswerter erschien.

Nach meinem Schulabschluss verabschiedete ich mich dankbar von den liebenswerten »Berger-Eltern« mit dem Versprechen, dass ich sie nicht vergessen und wieder besuchen werde. Unverzüglich stellte ich mich bei der Firma Metzger, einer größeren Bauunternehmung in Rheinfelden vor, wurde akzeptiert, begann die Lehre im April 1944, besuchte in dieser Zeit die Handelsschule und beendete beides erfolgreich mit der Gehilfenprüfung zum Baukaufmann im April 1947. Da nach dem Krieg wenig Aussicht bestand, in diesem Beruf unterzukommen, blieb ich der günstigeren Bedingungen wegen in Firma Metzger bis zum Jahre 1962. Ich wurde zunächst in der Lohnbuchhaltung eingesetzt und bediente zusätzlich die Besucher mit ihren Anliegen am Schalter. Manchmal ärgerte es mich sehr, wenn ich die Abwesenheit unseres Chefs mitzuteilen hatte, obwohl er oben in seinem Büro saß. Angenehmer war es, wenn sich der Lohnbuchhalter, der Wert auf gutes Essen legte, von mir ein Vesper holen ließ und mir einen nahrhaften

Trägerlohn zuteilte. Ich hatte auch die angenehme Aufgabe, wöchentlich die Lohntüten zu den Baustellen zu bringen. Dort war ich in dieser Funktion bei den Polieren, Maurern und Hilfsarbeitern gern gesehen, konnte mich auf den Baustellen umsehen und den Fortschritt der Arbeiten beobachten. Noch heute erfasst mich ein Kribbeln, wenn im Frühjahr die Baumaschinen wieder brummen. Die regelmäßige Arbeit auch an Samstagen von 8-12 Uhr, an den übrigen Tagen auch von 13-17 Uhr war gewöhnungsbedürftig.

Einige Minuten nach Feierabend klopfte ich in meiner Freizeit an die Türen meiner Freunde Rolf und Berthold. Wenn wir abends nicht zu dritt auf Tour waren, wurden wir gefragt, ob einer von uns krank sei. Berthold verdiente damals als Uhrmacherlehrling am meisten und hielt uns oft über Wasser, wenn wir schwach bei Kasse waren.

Ich wohnte wieder zu Hause und bekam ein eigenes Zimmer, das ich in späteren Jahren mit einfachen Möbeln und einem Radio nach eigenen Vorstellungen einrichtete. Unsere Mutter hatte es mit mir, einem 14-jährigen, eigenwilligen Knaben und meinem ebenso lebendigen, vier Jahre jüngeren Bruder nicht leicht. Sie achtete streng auf die Einhaltung der Essenszeiten und die häusliche Ordnung, in jüngeren Jahren gelegentlich unter Zuhilfenahme ihres Teppichklopfers. Mein Bruder wirft mir, wahrscheinlich zu recht, vor, ich sei oft der »Schnellere« gewesen, wäre durchgehuscht, und er hätte die Prügel bezogen. Die Mutter ließ mir ansonsten große Freiheit, sagte nur, wenn ich spät nach Hause kam, »ich solle ihr keine Schande machen«, was immer das bedeutete. Es gab oft wie mir schien wegen ihres Starrsinns, vermutlich ein Erbe ihres autoritären Vaters, lebhaft geführte Auseinandersetzungen. Ein Grund mehr, öfters Abstand zu halten und Verständnis bei meinen Freunden zu suchen.

Der Krieg war gelegentlich auch in Rheinfelden zu spüren. Wir saßen oft nach dem Sirenengeheul ängstlich im Luftschutzkeller, hörten die Geräusche der Flugzeuge und einmal den Einschlag von Bomben im Industriegebiet. Tiefflieger griffen damals auch Fahrzeuge auf Zufahrtsstraßen an. Im Herbst 1944 wurden wir zum Schanzen nach Efringen-Kirchen abgestellt. Wir mussten Panzergräben herstellen. Gleichzeitig waren wir Weinbauern zugeteilt, um bei der Lese mit zu helfen. Ich habe nie vergessen, wie der altersschwache Bauer, dem wir zugeteilt waren, volltrunken eine steile Treppe des Hauses herunter kugelte, ohne Schaden zu nehmen, wieder aufstand und auf unsicheren Beinen davon wankte.

Einige Wochen später, ich war damals gerade 15 Jahre alt, wurde ich drei Wochen zu einer vormilitärischen Ausbildung, der Wehrertüchtigung, einberufen. Dann kam es zu einer entscheidenden, uns sehr überraschenden Situation: Wir wurden in einen Saal geführt, in dem Werber an den Wänden Photographien der ver-

schiedensten Möglichkeiten des Waffendienstes auf ge-
hängt hatten. Mich überzeugte der glänzende Vortrag
über die Vorteile eines Achtrad-Panzerspähwagens, der
vorn und hinten steuerbar war und dessen Reifen sich
bei einem Durchschuss wieder selbständig abdichte-
ten. In meinen Augen eine Lebensversicherung. Und so
meldete ich mich mit andern Schulkameraden zur Waffen-SS. Als ich dies abends stolz Bertholds Vater erzählte, hätte er mich offensichtlich am liebsten verprügelt.
Er erklärte mir in scharfem Ton: »Der Krieg ist doch
verloren!« Ich habe ihm diese Gardinenpredigt nicht
übel genommen und ihn auch nicht verraten. Er wäre
ja sonst wegen Wehrkraftzersetzung verhaftet worden.
Die Ereignisse nahmen nun ihren eigenen Lauf. Unsere
Mutter war in großer Sorge.

Wir wurden Wochen später zur Ausbildung einberufen.
Auf unserer Fahrt erlebten wir in Immendingen den ersten Tieffliegerangriff und suchten, wo immer möglich,
Deckung. Nach diesem Angriff war die Begeisterung
bei vielen Schulkameraden dahin. Sie büchsten aus und
gelangten wieder nach Rheinfelden. Mit zwei weiteren
Kameraden, die nicht desertieren wollten, gelangten
wir nach einer Übernachtung im zerstörten München
nach Mittenwald. Dort hatte ich großes Glück: Ich bekam eine schwere Angina und lag lange Zeit auf der
dortigen Krankenstation. Dadurch entkam ich der mili-
tärischen Ausbildung, wurde nicht eingekleidet und bekam auch keine Blutgruppe tätowiert. In der Krankenstation gaben mir alte Landser, die das Kriegsende ab-

warteten, Nachhilfe über die wirkliche Lage. Als am 20. April 1944, an Führers Geburtstag, keine Geheimwaffen zum Einsatz kamen, überzeugten mich die Argumente der Landser. Ich entschloss mich, trotz der damit verbundenen Gefahren, zu desertieren. In meiner Hitlerjugend-Winteruniform, mit Brot und Wurst in einem Einkaufsnetz und einem Regenschirm stieg ich über die Kasernenmauer. Mein Ziel war, Richtung Bodensee zu meiner Tante nach Singen zu gelangen. Zu Fuß, gelegentlich auf einem Traktor, gelangte ich nach Radolfzell. Dort wurde ich mit anderen Jugendlichen und Alten gestellt, eingekleidet und zur Verteidigung von Radolfzell eingesetzt. Wir bauten uns zur Übernachtung Schützenlöcher. Ich war als Zugmelder Verbindungsmann. Diese Aufgabe führte ich einmal durch, um zu berichten, dass französische Panzer auf der Straße vorrücken. Wir befanden uns auf einem kleinen Hügel. Einige Stunden später kämmten gepanzerte Fahrzeuge auch unser Gelände durch. Wir versuchten, uns vor Beschuss durch Maschinengewehre zu schützen und robbten in einer Ackerfurche in den toten Winkel. Ich war nicht einmal in dieser Technik erfahren und kam, obwohl ich bat, auf mich zu warten, nicht mehr mit. Das war mein großes Glück. Ich konnte nämlich beobachten, wie meine Kameraden, die bergauf über freies Feld zu einem Waldstück zu gelangen versuchten, nacheinander wie Hasen abgeschossen wurden.

Ich handelte: Bei der Einkleidung in Radolfzell hatte ich keine Unterwäsche gefasst, sondern meine

Hitlerjuguenduniform behalten. Ich vergrub meinen Wehrpass, ließ den Waffenrock und meine Waffen in der Ackerfurche zurück, war nun als Hitlerjunge erkenntlich und ging den Franzosen entgegen, indem ich eine weiße Binde, die ich seit meinem Aufenthalt in der Krankenstation bei mir trug, zum Zeichen, dass ich mich ergebe, schwenkte. Ich wurde mehrmals darauf angesprochen, ob ich zur Waffen-SS gehöre, was ich verneinte. Ich weiß nicht, wie man mich behandelt hätte, wenn ich die Blutgruppe gehabt hätte. Alle SS-Angehörigen wurden aussortiert. Ich gab mich als Hitlerjunge aus, der ich im Grunde ohne Ausbildung und je einen Schuss abgegeben zu haben ja auch war. Dennoch war es eine schwierige Situation. Die Pistolen saßen damals sehr locker. Wir wurden mit erhobenen Händen gesammelt, durften erst nach einiger Zeit die Hände auf den Kopf legen, uns dann später setzen und wurden nach Radolfzell transportiert. Dort brachten sie uns Gefangene in das Ortsgefängnis. Ich war noch nie in einem Gefängnis, bekam schreckliche Angst und weinte. Ein französischer Offizier brachte mich mit gezogener Pistole in eine requirierte Wohnung zu einer deutschen Familie mit der Bitte, dass sie mir zu essen geben und weiter helfen sollten. Als ich anderntags erwachte, war die Wohnung leer. Ich bedankte mich freundlich auf einem Zettel bei meinen Gastgebern, klaute ein Fahrrad und fuhr nach Singen zu meiner Tante. Diese schlug die Hände über dem Kopf zusammen, als ich etwas zerzaust dort ankam.

Um weiter zu kommen, brauchte ich einen Passierschein, der schwer zu erlangen war, weil viele Menschen sich in der großen Stadt sammelten, die ebenfalls weiter wollten. Nach einigen Tagen gelang es mir,
meine Tante zu überzeugen, dass ich versuchen wollte,
aus der Stadt heraus zu kommen. Ich kam mit meinem
Verpflegungsnetz und dem Regenschirm bis zu einer
von französischen Soldaten bewachten Schranke an
der Stadtgrenze. Hier hatte ich wieder Glück: Eine junge, hübsche Frau zog einen Leiterwagen. Ich gesellte
mich zu ihr mit der Bitte, mich nicht zu verraten und
zog mit dem Leiterwagen durch die geöffnete Schranke, während die Franzosen sich offensichtlich gern
mit der Frau unterhielten. Ich bekam auf einer kleinen
Kommandantur außerhalb Singens einen Passierschein
bis Waldshut und stiefelte nun über den Randen von
Schranke zu Schranke Richtung Waldshut. Gelegentlich forderten mich die Soldaten auf, ihr Geschirr zu
spülen. Ich entschloss mich, an einem kleineren Ort in
Dogern bei Waldshut meinen Passierschein verlängern
zu lassen und kam zu Fuß wieder in Rheinfelden an.

Meine Mutter war mehr als überrascht, als ich gesund
und wohlbehalten wieder zu Hause war. Nach Kriegsende hatte die Bauunternehmung Metzger wieder mühsam den Betrieb eröffnet. Dort stellte ich mich vor, um
meine Lehre fortzusetzen. Als ich mich am Schalter meldete und das vertraute Gesicht des Lohnbuchhalters sah,
erschrak ich sehr. Er war so abgemagert, dass ihm der
Kragen seines Hemdes mehrere Zentimeter vom Hals

abstand. Nur ganz langsam begriff ich, was ein verlorener Krieg und die französische Besatzung bedeuteten.

Der Zusammenbruch des Ideals von Führer Volk und Vaterland war fast noch schwerer zu ertragen, als der andauernde Hunger und der Kampf ums Überleben. Nun wurde mir mit aller Deutlichkeit klar, was in den KZ-Lagern geschehen war. Davon wussten wir zuvor nichts. Umso mehr erschütterten uns die grauenvollen Bilder und die Berichte über die Gräueltaten. Meine Reaktion: Nie wieder Krieg und der Entschluss, dem Frieden ohne Waffen in der Hand zu dienen. Ich wurde später als einer der so genannten »weißen Jahrgänge« auch nicht mehr zur Bundeswehr eingezogen. Gott danke ich dafür, dass ich bis zum heutigen Tag niemals auf Menschen schießen musste.

Es gab aber auch andere Erfahrungen: Nach dem Krieg wollte niemand mehr Nationalsozialist gewesen sein. In der Handelschule grüßten die Lehrer nun mit Grüß Gott. Alles, was mit Stolz auf das deutsche Vaterland zu tun hatte – das war ja nicht nur das Dritte Reich – erschien bedeutungslos. Ich begann, mich mit der französischen Nation und den nachfolgenden Vorstellungen von einem geeinten Europa zu identifizieren.

Erst viel später, nach einer längern Reise mit meinem Pfarrer durch ganz Frankreich, die mit einem gesalzenen Strafmandat wegen Geschwindigkeitsüberschreitung endete, kam es zu einer ersten Ernüchterung mit

Fragen, ob wirklich nur wir Deutschen an allem Elend
Schuld wären. Ich begann, ohne darüber zu reden, auch
zu fragen, was andere Nationen getan haben. Die Atom-
bomben auf Japan, der grausame Luftkrieg gegen die
wehrlose Zivilbevölkerung in deutschen Städten, die
Vertreibung der Menschen aus dem Osten und vieles
andere erschien mir ebenso kritikwürdig. Es war mehr
als erstaunlich, dass alle Älteren ebenfalls geschockt
waren und Nachteile befürchteten, wenn sie über ihre
Erfahrungen im Dritten Reich erzählt hätten. Ich habe
selbst außerhalb der Familie vor einigen Jahren zum
ersten Mal unter gleichaltrigen Freunden Erfahrungen
ausgetauscht. Ein befreundeter Schweizer, dem es ge-
stattet war, während des Krieges die Schule in Rheinfel-
den-Schweiz zu besuchen, erklärte in der Runde, dass er
in der Schweiz »Sauschwabe« in Deutschland »Schwei-
zerlöli« genannt wurde. In Wirklichkeit hätte er auch
ganz gern die Hitlerjugend-Uniform wie wir getragen.
Während bei uns in den Hungerjahren geklaut wurde,
was nicht niet- und nagelfest war, musste ich mit der
Erfahrung zu recht kommen, dass, nachdem die Grenze
geöffnet wurde, an den Fahrrädern in der Schweiz die
Einkaufsnetze mit Lebensmitteln hängen bleiben konnten. Ich hatte doch auch meine Ehre und sehr darunter
gelitten, auf welch vielfältige Weise der unselige Krieg
unsere Wertvorstellungen in Deutschland destruierte.

Wir litten in Rheinfelden sehr unter der Besatzung. Die
Maschinen und technischen Anlagen, die zu gebrau-
chen waren, wurden als Beute abtransportiert. Es kam

zu einer Entnazifizierungswelle. Auch der Vater meines Freundes Berthold, der um unabkömmlich gestellt zu werden, in die Partei eingetreten war, ohne deren Ideologie zu vertreten, wurde längere Zeit in ein Lager gesteckt, wie viel andere auch. Es fehlte überall am Nötigsten. Vor allem in den Jahren 1945 und 1946 mangelte es an Nahrungsmitteln. Wir litten schrecklichen Hunger. Unsere Mutter teilte ein Brot, und ich nahm mir etwas von dem, was meinem Bruder gehörte. Er erregte sich so, dass er keine Luft mehr bekam. In größter Panik spritzte ich ihn mit kaltem Wasser ab, um ihn vor dem Ersticken zu retten. Eines Tages sagte unsere Mutter, sie habe nichts mehr zu essen. Wir Buben gingen dann gemeinsam nachts auf die umliegenden Felder und brachten Lauch nach Hause. Selbst Kartoffeln gehörten zu den Kostbarkeiten. Eine gute Kirschenernte nutzten wir Buben aus, um unseren Hunger auf den Bäumen zu stillen. Wir gingen alle hamstern. Mein Bruder war ein liebenswerter, hartnäckiger Bettler. Wenn er an der vorderen Türe abgewiesen wurde, erreichte er es bei einem erneuten Versuch oft über den Hintereingang, Beute zu machen. Ich war eher in der Lage zu verhandeln, wenn uns unsere Mutter etwas aus den Beständen mitgab, um es bei den Bauern gegen Lebensmittel einzutauschen. Eines Tages wanderten wir über Säckingen hinauf nach Giersbach zu unseren Verwandten, bekamen Speck und Butter zugesteckt und einen Sack mit Kartoffeln. Auf dem Rückweg machte Mutter schlapp und wir zogen sie zusammen mit den Kartoffeln auf dem Leiterwagen nach Hause. Sie hatte in der Hungerzeit zu Weihnachten Plätzchen gebacken, um uns eine Freude zu machen. Ich entdeckte die Maggidose in ihrem Schrank im Schlafzimmer versteckt und versorgte mich mit einer Handvoll dieser Süßigkeiten. Nach einigen Tagen startete ich einen erneuten Versuch und staunte sehr, denn ich hatte den Eindruck, dass ich nicht so viele Plätzchen entwendet hatte. Trotzdem bediente ich mich weiter. Dann kam der Weihnachtsabend. Die Mutter wollte uns mit dem Gebäck überraschen und kehrte blass, tief gekränkt, enttäuscht und wütend mit der Frage zurück, wer die Plätzchen gegessen habe. Ich gestand betreten meine Schuld mit der Bemerkung, dass ich es war, aber nicht alle gegessen habe. Mein Bruder schloss sich mit dem Bekenntnis an, nun sei ihm endlich klar, wer auch noch genascht habe. Die Weihnachtsstimmung war unter diesen Umständen erheblich beeinträchtigt.

Wir drei waren damals sehr auf einander angewiesen, vor allem nach der Scheidung unserer Mutter. Mein Stiefvater wurde nach der Trennung von unserer Mutter als Kommunist lange in einem Konzentrationslager interniert und kam erst nach dem Krieg wieder frei. Er heiratete erneut, erkrankte und hinterließ nach seinem Tod in den Nachkriegsjahren Frau und Kinder, die ich nie persönlich kennen lernte. Erst in diesen Tagen begriff ich nach einem Gespräch mit meinem Bruder, dass er im Unterschied zu mir, seinen Vater gar nicht erlebte. Ich bin leider nach der Kinderzeit meinem Stiefvater auch nie mehr begegnet, um ihm danken zu können.

In der Rolle des Ältesten war ich immer gefordert, einzuschreiten, wenn es galt, die Regeln und Ansichten unserer Mutter zu verteidigen. Ich nahm sie in Schutz, wenn sie sich aus irgendwelchen Gründen mit den Mietern angelegt hatte, obwohl ich manchmal unsicher war, ob sie im Recht war. Nachdem mein Bruder ebenfalls Arbeit in der Firma Metzger fand, wanderte auch der größere Teil seines Verdienstes wie bei mir in die Familienkasse. Einen bescheidenen Anteil unserer Entlohnung gab uns die Mutter zur eigenen Verwendung. Sie selbst arbeitete, nachdem die Grenze wieder geöffnet war, in der Schweiz, um Geld zu verdienen.

Damals gab es bei uns weder Radio noch Fernsehen. Wir sangen daher viel zusammen. Alle Volkslieder und Schlager, die unsere Mutter einst mit uns sang, gehören heute noch zu meinem Repertoire. Mir fällt im Moment das schöne Lied in Schweizer Mundart ein: »Lueget vo Berge und Tal, flieht scho de Sunneschtrahl...«, das wir abends sangen. Wenn wir den Ton nicht genau trafen, war das für Mutters Ohren unerträglich. Entsprechend deutlich fiel dann ihre Kritik aus. Ich wunderte mich auch oft, wer ihr die Regel beigebracht hatte, nach einem guten Essen sofort unser Geschirr von Hand zu spülen. Es gab damals bei uns weder Spül- noch Waschmaschine.

Mutter produzierte manche komische Szene: Sie beschloss einmal, uns Buben einzusetzen, um unsere Wohnung gemeinsam zu streichen. Weder mein Bru-

der noch ich hatten die geringste Ahnung wie das geht.
Jeder meinte aber zu wissen, was zu geschehen habe.
Unsere Mutter behielt sich vor, dafür zu sorgen, dass
bei diesem Geschäft alles sauber blieb. Es ist nicht aus-
zumalen, wie wir uns gegenseitig in die Haare gerieten
und die Wohnung nach unserer Arbeit aussah.

Bei anderer Gelegenheit saß unser Untermieter mit uns
zusammen in der Küche. Unserer Mutter entwich ver-
nehmbar ein »Windchen«. Sie behielt die Fassung und
setzte die unschuldigste Miene der Welt auf. Wir drei
Herren bemerkten die Peinlichkeit sofort und konnten
nur mühsam unser Lachen unterdrücken. Es war wie
eine Erlösung, als mein Bruder zu kichern begann. Wir
amüsierten uns alle köstlich, während unsere Mutter
noch einen letzten Versuch wagte, den Unschuldsengel
zu spielen.

Ich war glücklich, als mein Freund Harald bei uns ein
Zimmer bekam. Seine Leidenschaft galt der Photographie. Unsere Mutter konnte es nicht fassen, als sie bei
einem nächtlichen Kontrollgang feststellte, dass Harald
die Küche in eine Dunkelkammer umgewandelt hatte.
Das Mietverhältnis wurde mit sofortiger Wirkung ge-
löst. Ich konnte meinen Freund nicht retten. Wir stehen
dennoch bis zum heutigen Tag in einem beidseits sehr
erfreulichen Kontakt.

Mit der hochdeutschen Sprache stand unsere Mutter
zeitlebens auf Kriegsfuß. Einmal erklärte sie uns ent-

rüstet, nachdem sie von einem Kuraufenthalt zurück-
kam, wie wenig man sie dort verstanden habe. Sie habe
sich doch so bemüht, hochdeutsch zu reden und ihre
Mitbewohnerin gebeten: »Bringen sie mir bitte meine
Schlappen!« und als diese nicht reagierte, sich verbes-
sert: »Ich meine die Finken da!« Sie sei sehr enttäuscht
gewesen, als ihre Mitbewohnerin nicht begriff, dass sie
ihr die Hausschuhe bringen sollte.

Mutter reist bei anderer Gelegenheit per Bahn über das
nahe gelegene Basel hinaus nach Weil. Dort muss sie die
Strecke von Basel nach Weil am Bahnschalter nachlösen.
Sie stellt kühl und gelassen fest, als ihr der Betrag zu
hoch erscheint: »Sie sind ja verrugt!« Der Beamte erregt
und entrüstet: »Beamtenbeleidigung!«, unsere Mutter,
unbeeindruckt und gelassen: »Jetzt spinnt er au no!«

Einige Jahre später: Mein Bruder ist längst ein erfah-
rener Handelsvertreter und erfolgreicher Verkäufer. Er
begleitet unsere Mutter, die ein Sofa zum angebotenen
Sonderpreis erwerben will. Sie erkundigt sich, ob der
günstige Preis gehalten wird. Der Verkäufer bejaht. Sie
betrachtet das Objekt genauer, entdeckt einen kleinen
Fehler und handelt einen Sondernachlass aus. Danach
gelingt es ihr, auf den 3 % Skonto bei Barzahlung zu
bestehen. Als unsere Mutter noch ungeniert auf der
Forderung beharrt, dass ihr laut Angebot bei der Höhe
des Preises einige Handtücher gratis zuständen, machte sich mein Bruder aus dem Staub. Unsere älteste
Tochter, eine gebürtige Münsteranerin, ist mit uns zu

Besuch bei der Rheinfelder-Oma. Auf der Heimreise erklärt sie uns, die Oma sei ja lieb zu ihr gewesen, habe ihr Schokolade geschenkt, und viel mit ihr geredet – und dann mit einem Seufzer: »Wenn sie nur deutsch reden könnte!«

Unsere Mutter hatte aber auch andere Seiten: Ich wurde zunehmend älter, eigenwilliger und kritischer und erprobte mein Überlegenheit. Meine Mutter verstand es ausgezeichnet, mich bei den nun häufigeren Auseinandersetzungen sprichwörtlich »auf die Palme zu bringen«. Einmal reizte sie mich durch ihre Argumentation und gewöhnliche Sprache bis zur »Weißglut«. Ich hielt ein kleines Küchenmesser in der Hand und warf es in meiner Wut wie ein Indianer, so dass es in der Küchentüre stecken blieb, mit der Bemerkung: »Jetzt ist es genug!!« Wenn sie sich dann in ihr Zimmer zurückzog oder auf dem Stuhl schaukelte und Lieder summte, wusste ich, weiter zu reden macht keinen Sinn. Die einzige Möglichkeit bestand dann darin, Abstand zu halten, mich aus dem Staube zu machen. Erst mit den Jahren wurde mir klar, dass gelegentlicher Rückzug und Abstand in allen Beziehungen wichtig ist und im eigenen Interesse liegt. Danach konnte ich wieder leichter auf meine Mutter zugehen. Wenn sich der Pulverdampf verzogen hatte, brachte ich ihr, wie zuvor, nach dem Gottesdienst Blumen oder Kuchen mit. Gelegentlich fuhren wir trotz unserer Konflikte zusammen nach Basel, um uns die Stadt und die Geschäfte anzusehen. Auf einer Photographie aus dieser Zeit reiche ich meiner Mutter den Arm. Sie geht schick gekleidet an meiner Seite. Wir schauen beide auf diesem Bild sehr zufrieden aus.

Wenn wir uns aber bei einem Wortgefecht nicht einigen konnten, war Abstand nötig. Ich besuchte dann oft enttäuscht und geknickt meinen Freund Ernst. Er hatte Verständnis für meinen Kummer und war in der Lage, mich meistens mit freundlichen, tröstenden Worten wieder zu ermutigen. Ihn kannte ich schon vor Ende des Krieges. Er dressierte Schäferhunde. In der damaligen Zeit gründeten wir einen Wassersportverein Möwe mit den hohen Idealen: »Nicht zu rauchen, keinen Alkohol zu trinken, Abstand von Frauen zu halten und viel Sport zu treiben.« Ernst besaß eine große Sammlung an Gewehren und Pistolen, die wir in seinem eigenen Schießstand zu Übungen benutzten. Einmal spornte er mich zu Sportübungen an. Ich folgte ehrgeizig und verbissen allen Vorschlägen. Danach lag ich bei ihm mit Fieber im Bett. Er besaß auch einen schönen Flügel auf dem ich improvisieren durfte. Er übte als Musikstudent an der Orgel, während ich den Blasebalg zu treten hatte. An einem Regentag saßen wir unter dem tief gezogenen Dach des alten Hauses. Um uns herrschte eine gemütliche Unordnung. Wir hörten den Regentropfen zu, die auf das Dach prasselten. Unsere einzige Aufgabe bestand darin, harte Erbsen aus trockenen Schoten zu pulen. Ich habe den Klang der Erbsen noch im Ohr, die in unsere Blechschüssel fielen, und spüre erneut das Vergnügen, in die Schüssel zu greifen und die Erbsen durch die Finger gleiten zu lassen. Ernst macht seinem Namen alle Ehre. Manchmal erschien er mir bei meinen musikalischen Vorlieben fast zu ernst. Er spielte mit Hingabe Kompositionen von Bach. Da ich mich aufgeschlossen erwies, führte er mich beharrlich in die klassische Musik ein. Ich besitze heute noch Schallplatten in meiner Sammlung, die er mir schenkte. Leider kann er wegen einer Verletzung nicht mehr musizieren. Ich hatte aber mit meiner Frau zusammen in den letzten Monaten das Vergnügen, seinen Sohn Dieter, der es wie oft im Leben weiter brachte als sein Vater, bei einem seiner großen Konzerte an der Orgel zu hören. Er spielte Werke von Buxtehude. Für mich waren das über die Perfektion hinaus musikalische Gebete.

Nachdem Sie, lieber Leser, die zwei Seiten meiner Mutter, vielleicht auch meine eigenen, ein wenig kennen lernten, kehren wir zurück zu meiner beruflichen Entwicklung: Nach der Gehilfenprüfung wechselte ich in die technische Abteilung und saß viele Jahre unserem für die Kalkulation zuständigen leitenden Ingenieur gegenüber. Herr Fleck, ein rechtschaffener, tüchtiger, schon in die Jahre gekommener Mann, der mir sehr zugetan war, wirkte nebenberuflich für die CDU im Stadtrat. Ich war für die Leitung des Einkaufs, die Nachkalkulation und das Rechnungswesen zuständig. Hierdurch gewann ich Einblicke in den gelegentlich harten Konkurrenzkampf der Unternehmen und lernte aus unseren Gesprächen mit Herrn Fleck politische Zusammenhänge auf lokaler und regionaler Ebene kennen.

Wie oft haben wir unter großen Anstrengungen und unter Zeitdruck ein Angebot abgegeben, das nicht zum Erfolg führte. Mein Chef äußerte dann: »Wir haben den ganzen Tag gefischt und nichts gefangen.« Ich schätzte ihn sehr wegen seiner christlichen Lebensauffassung. Er hat großen Anteil daran, dass ich mich später auch in das politische Geschehen in unserer Stadt einmischte. Sein Herzenswunsch, der ihm offensichtlich versagt blieb, war es, die Weisheit und Gelassenheit des Alters zu erlangen. Ich habe ihm damals freundschaftlich gesagt: »Wenn Sie sich nicht mehr aufregten, fehlte mir an Ihnen ein Stück ihrer Lebendigkeit.«

Als später Diplomingenieure zu uns kamen, die schwierige statische Probleme etc. lösen konnten, bemerkte ich, wie sehr diese bemüht waren, sich von den einfachen Bauingenieuren zu unterscheiden. Es wurde mir bewusst, wie wichtig eine gute Ausbildung für eine berufliche Kariere sein kann, obwohl ich im Grunde jegliche »Überheblichkeit« missbilligte.

Es gab im Unternehmen auch sehr befriedigende Beziehungen. Ich arbeitete mit drei Technikern zusammen, die in meinem Alter waren. Wir wurden Freunde. Herausgehoben sei unser Josef: Er hatte einen Onkel, der an der Heimschule Lender in Sasbach Deutsch und Geschichte unterrichtete, und trug dessen etwas aus der Mode gekommene Schuhe und Kleidungsstücke. Josef war Vegetarier, über die Maßen intelligent, ansonsten eher bescheiden. Wie kommt Josef zu einer passenden

Frau. Das war unsere große Sorge. Eines Tages berichtete Hubert, einer der Techniker, dass in der Apotheke gegenüber eine Apothekerin arbeite, die gut aussehe und vegetarisch eingestellt sei. Wir informierten Josef. Zwei Tage später beobachteten wir, wie er mit ihr und deren Hund spazieren ging. Er ist inzwischen lange mit ihr verheiratet und hat fünf Kinder, die sich alle beruflich gut entwickelten. Ich traf beide erst neulich nach einem Konzert.

Die Leitung der Firma Metzger oblag einem promovierten Juristen, der mit der Tochter des Firmengründers verheiratet war. Seine Frau Elfriede war attraktiv und immer schick gekleidet. Ich habe ihr erst vor einigen Wochen bei einem Telefongespräch gestanden, wie sehr sie mich als jungen Baukaufmann beeindruckte. Frau Metzger, die Seniorchefin, arbeitete bis ins hohe Alter in der Buchhaltung. Sie war aber auch immer dabei, wenn wir an Karneval in froher Runde beisammen saßen. Wir waren alle in ein Team eingebunden, das funktionieren musste, damit das Unternehmen gute Ergebnisse erzielen konnte. Ich wüsste nicht, was mir geschehen wäre, wenn ich als Einkäufer nicht in der Lage gewesen wäre, das Baumaterial so zeitig anzuliefern, wie es der Arbeitsvorgang an den Baustellen erforderte. Gleichzeitig musste ich den Markt beobachten und die Verhandlungen mit den verschiedenen Firmen so führen, dass wir immer zu günstigsten Bedingungen einkaufen konnten.

Der Gehalt eines Baukaufmanns war 1946 sehr bescheiden. Ich hatte daher Interesse an zusätzlichen Einnahmen. Die Möglichkeit, als Schlagzeuger in einer Band zu spielen, erschien mir geeignet, meine Neigung zu befriedigen und zusätzlich Geld zu verdienen. Nur zögerlich kam aber nach dem Krieg das öffentliche Leben wieder in Gang. Der erste Tanz im großen Saal des Oberrheinischen Hofes war zum 1. Mai angekündigt. Lange zuvor hatte ich mit meiner Mutter zusammen in der Küche Foxtrott, Tango und Walzer geübt. Sie war eine gute Tänzerin und brachte mir alles bei, was nötig war. Niemand traute sich den ersten Tanz nach dem Krieg zu beginnen. Ich hielt es nicht mehr aus auf meinem Stuhl und forderte meine Mutter zum Tanz auf. Nach einem kurzen Zögern fasste sie sich ein Herz und wir beide eröffneten den Tanz in den Mai. Ich muss gestehen, dass es damals bei einem Tanz mit ihr geblieben ist. Für die nächsten Runden suchte ich mir jüngere Damen aus. In diesen schweren Jahren verlangte der Wirt, zusätzlich zum Eintritt, Holz oder Kohlen mitzubringen, damit der Saal beheizt werden konnte.

Ich begeisterte mich immer mehr für meine Idee, Schlagzeuger zu werden, und hing an den Fenstern des Lokals, wenn gute Orchester musizierten. Erst als ich mir ein eigenes Schlagzeug erstanden hatte und selbst in kleiner Besetzung zum Tanz aufspielen konnte, gab ich mich zufrieden. Bald spielte ich auch in größeren Formationen. Unser Stadtkapellmeister, ein ehemaliger Militärmusiker, hatte eine Band zusammengestellt. Bald musizierten wir auch bei den französischen Besatzungssoldaten. Wir hatten unsere helle Freude daran, wenn wir zur fortgeschrittenen Stunde die deutsche Nationalhymne so musikalisch abwandelten, dass die Franzosen nichts bemerkten und zu unserer Hymne tanzten. Später spielte ich mit einem Freund lange in einer Bar in der Schweiz, bei anderen Orchestern und Jazzbands, zuletzt zwei Jahre zusammen mit meinem Bruder in dessen Quartett. Er war zu dieser Zeit selbst ein erfolgreicher Schlagzeuger, spielte Vibraphon und leitete verschiedene Tanzorchester. Heute kommt mein neues Schlagzeug, zu dem mir meine Töchter rieten, wieder in einer Jazzgruppe und gelegentlich zusammen mit meinem Schweizer Freund Hans zu Ehren.

Nach dem Krieg war Basel eine Hochburg für Jazz. Die besten internationalen Gruppen traten in der Mustermesse auf. Ich bevorzugte damals diese Musik und war bei allen wichtigen Konzerten dabei. Oft fuhr ich mit meinem Schweizer Freund oder unserm ehemaliger Untermieter Harald zu diesen Veranstaltungen. Im Odeon, einer kleinen Bar, konnte man den Musikern besonders nahe sein. Ich beachtete immer besonders die Schlagzeuger, um deren Technik zu studieren. Um die Mittel zu schonen, bestellten wir in der Regel ein preiswertes Getränk mit Plastikröhrchen, saugten daran und ließen den Inhalt solange wieder ins Glas zurückfließen, bis die Vorstellung endete.

Meine Technik als Schlagzeuger verbesserte ich in unserer Wohnung in Rheinfelden. Unsere Mutter klagte manchmal lauthals, dass sie es nicht mehr hören könne, wenn ich in meinem Zimmer übe. Sie warf mir dann vor, mein Bruder brauche so etwas auch nicht. Gegen unsere künstlerischen Neigungen gab es keine Einwände. Offensichtlich waren ihr meine Übungen sehr lästig. Heute kann ich besser verstehen, dass es damals aus diesem Grund gelegentlich zu deutlichen Meinungsverschiedenheiten kam.

Meine finanzielle Lage besserte sich trotz der monatlichen Abgaben an unsere Mutter zusehends. Der Zuverdienst durch meine Einnahmen bei der Tanzmusik überstieg manchmal bei weitem den Gehalt als Baukaufmann. Entsprechend wuchsen die bescheidenen Ansprüche. Ich erwarb mir neben Möbeln für mein Zimmer ein Radiogerät und ein schönes Sportfahrrad. Von frühester Jugend an interessierte ich mich für Sport. Seltsamer Weise zog mich die Schwerathletik an, obwohl ich in der Jugend kein Riese war. Neben der Leichtathletik gefiel mir der Schwimmsport, gleichzeitig versuchte ich es mit Radball und bewunderte die Rennfahrer. Am Tag der Währungsreform 1948 fand in Rheinfelden das erste Straßenrennen statt. Ich lieh mir Wochen zuvor ein Rennrad, ständig besorgt, dass die Reifen keinen Schaden nahmen. Unsere Mutter stellte für mich den Speiseplan um, damit ich den sportlichen Anforderungen gewachsen war. Dann kam der große Tag: Wir standen am Start. Herr Hettich, der Starter, gab seine letzten Anweisungen. Wir Jugendfahrer sollten in den Kurven vorsichtig sein, um nicht mit anderen Fahrern zu kollidieren. Er gab das Startkommando, senkte

seine Flagge, und los ging die Hatz. Wir fuhren in der
ersten Runde schneller als die Amateure. An den Straßen hatten sich meine Freunde, Bekannten und Schulkameraden verteilt. Ich trat in die Pedale so schnell ich
konnte, hielt unter begeisterten Zurufen drei Runden
durch, fuhr in einer Kurve auf, überschlug mich und
ging mit anderen Fahrern zu Boden. Rücken, Knie und
Arme schmerzten durch Schürfwunden, mein gelie-
henes Rennrad war sehr beschädigt. Nach dem Rennen saß ich trotz meiner schmerzenden Verletzungen
abends zum Tanz nach der Siegerehrung wieder am
Schlagzeug. Die ersten 20 DM, die ich nach der Währungsreform in Händen hatte, musste ich zur Reparatur
meines Sportgerätes ausgeben. Seither bin zwar öfters
mit meinem neuen Sportrad gefahren. Auf die Rennen
der nächsten Jahre in Rheinfelden verzichtete ich aus
guten Gründen. Ich wollte nicht mehr um jeden Preis
ein Radrennfahrer werden.

Meine Freunde Rolf und Berthold leisteten mir zum
Glück in allen Lebenslagen, nicht nur bei einem sportlichen Misserfolg, mitfühlenden Beistand. Unsere Ge-
sprächsthemen kreisten in dieser Zeit nun zunehmend
um Erfahrungen mit Mädchen. Jeder nahm sich auf seine Weise wichtig: Ich beobachtete einmal in unserem
bescheidenen Schwimmbad in Warmbach ein hübsches
Mädchen, in der Annahme, in sie verliebt zu sein. Um
mich vor meinen Freunden zu brüsten, erzählte ich,
dass ich beabsichtige, sie in ihrer Wohnung zu besuchen. Meine Freunde entgegneten: »Das schaffst Du

nie!« Bei meiner Ehre gepackt, erwiderte ich: »Wollen wir wetten, dass ich das schaffe?« Zur Verwunderung meiner Mutter zog ich mir am Nachmittag die schönste kurze Hose und ein frisches Hemd an, kämmte mich ordentlich und machte mich auf den Weg zu meiner Angebeteten, die bei ihren Verwandten in Schulferien war. Meine Hand zitterte gewaltig, als ich die Klingel drückte. Die Wette mit den Freunden wollte ich aber um keinen Preis verlieren. Ich wurde nach oben gebeten. Eine Dame in mittleren Jahren öffnete. Ich erklärte ihr, dass mich im Schwimmbad ein hübsches Mädchen sehr beeindruckte. Ich würde mich freuen, mit ihr sprechen zu dürfen. Das Mädchen wurde gerufen. Sie sagte zu meiner großen Verwunderung: »Ich kenne den jungen Mann gar nicht.« Mir schoss es durch den Kopf: »Ich habe sie doch mehrere Tage gesehen und bewundert, hat sie das wirklich nicht bemerkt?« Ich wurde hereingebeten. Die Damen waren gerade beim Tee und stickten. Mit allen mir zu Gebote stehenden Mitteln suchte ich ein Gespräch in Gang zu bringen, um die auch für mich peinliche Situation zu einem guten Ende zu bringen. Da kam mir der rettende Einfall, darauf zu verweisen, dass bei der evangelischen Kirche »Jedermann« aufgeführt werde. Trotz meines bescheidenen Budgets wagte ich es, das hübsche Mädchen zu dieser Vorstellung ein zu laden. Der Abend nahte. Meine Freunde lagen hinter den Büschen auf der Lauer. Die Angebetete erschien in großer Abendgarderobe. In diesem Augenblick hätte ich am liebsten gekniffen und unsere Karten wieder zurückgegeben. Da war aber noch die verflixte Wette.

Ich kann mich nicht erinnern, ob ich bei der Abwägung der möglichen Folgen des Liebesabenteuers in der Lage war, mich in gebührender Weise auf die beeindruckende Aufführung des »Welttheaters« zu konzentrieren. Die Wette hatte ich gewonnen, die Bewunderung meiner Freunde war mir sicher. Es war mir nun leichter, mir einzugestehen, offensichtlich eine falsche Wahl getroffen zu haben. Ich brachte das Mädchen nach Haus, ohne sie jemals wieder zu sehen.

Erschütternder war die Enttäuschung bei der ersten großen Liebe. Ich lernte Ria aus Fahrnau im Wiesental bei Schopfheim in Rheinfelden beim Tanz kennen. Sie hatte ihre blonden Haare zu einer Hochfrisur gesteckt, sich hübsch gekleidet und sah nach meiner Auffassung blendend aus. Sie schien mir zugetan, sodass ich schon Pläne schmiedete, sie zur Frau meines Lebens zu wählen. Ich setzte alle Hebel in Bewegung, um ihr zu beweisen, dass ich ernstliche Absichten hätte. Wie oft ich mit einem alten Damenfahrrad, das mit seinen über- und unterlegten Reifen hoppelte, über den Dinkelberg Richtung Fahrnau und zurück gefahren bin, kann ich nicht mehr sagen. Es stellte sich aber heraus, dass Ria im Gegensatz zu mir noch keine Bindung fürs Leben eingehen wollte, sodass sie mir nach einigen Wochen mitteilte, sich von mir zu trennen. Ich war sehr enttäuscht. Die Erfahrung, mich von einem Mädchen, das mir sehr zugetan war, zu trennen, um nach Herzenslust frei und ungebunden Karneval zu feiern, hatte ich schon gemacht. Mit Ria erlebte ich nun eine Trennung

zum ersten Mal in umgekehrter Reihenfolge. Meine
Freunde hatten alle Hände voll zu tun, um mir über
diesen Schmerz hinweg zu helfen.

Die täglichen Kontakte zu den Freunden unterteilten
den Tag in Arbeit und Vergnügen. Ich war deren Eltern
sehr willkommen. Mutter Puchtler kochte einen feinen
Gulasch mit Nudeln, den wir nicht verachteten. Berthold hatte eine ergiebige Quelle entdeckt. Der Inhaber
des Kaufhauses Blum spielte gern Schach und brauchte
Partner. Wir stellten uns gönnerhaft im Tausch gegen
FIB-Zigaretten als Schachspieler zur Verfügung.

Eines Tages beauftragte uns Bertholds Mutter, einige
Flaschen Wein zu besorgen. Wir zogen los und landeten in den Fängen eines Schlitzohrs, des Küfermeisters
Börsig. Er lud uns ein, Platz zunehmen und bot uns
Kostproben seiner diversen Liköre und Schnäpse an.
Mit Bier und Wein kannten wir uns aus. Liköre konsu-
mierten nach unserer Auffassung die Damen, Schnäpse waren etwas für alte Herren. Da uns keine Ausga-
ben drohten, nahmen wir das Angebot generös an. Wir
verkosteten nun fachmännisch die angebotenen Drinks
im Schankraum. Nach einer ausgedehnten Probe legten wir die gekauften Weine in unsere Taschen. Wir be-
dankten uns, verließen den Raum, traten an die frische
Luft und die Beine versagten. Obwohl wir nicht mehr
sicher gehen konnten, gelang es, die Weinflaschen un-
beschädigt zu Bertholds Eltern zu bringen. Die Türe
ging auf. Bertholds Mutter rief entsetzt aus: »Berthold,

du bis ja betrunken! Du Rolf, und als hätte sie das nie erwartet, und Franz auch!« Wie Berthold es schaffte, anschließend noch eine Geburtstagsfeier bei einer Schulkameradin zu überstehen und zu diesem Fest Wein mitzubringen, ist mir bis heute ein Rätsel geblieben. Ich zog es vor, eine Runde zu schlafen.

Das Interesse galt längst nicht mehr nur der rassigen, dunkelhaarigen Bedienung »Paula« im Hotel Löwen. Das Thema Mädchen zog uns immer mehr in seinen Bann. Eines Tages hatten wir ein Fest geplant. Rolf berichtete, dass seine Eltern über Ostern verreisen würden. Eine Nachricht, die uns zu entsprechenden Vorbereitungen anspornte. Wir sparten Geld, um den Abend mit Mädchen finanzieren zu können, hatten aber die Rechnung ohne den erfahrenen Vater Puchtler gemacht. Er ließ uns kurzfristig wissen, dass die Reise verschoben werde. Uns traf der Schlag! Was sollten wir nun mit dem Geld anfangen. Reumütig kehrten wir zur »Paula« in den Löwen zurück und erklärten: »Wir wollen heute das teuerste Gericht auf der Karte!«. Nach dem Essen gut gesättigt, hatten wir immer noch Geld übrig und sagten: »Paula, wir können nicht mehr. Serviere uns bitte eine kleine Speise, die sehr teuer ist!« Sie brachte uns Schnecken. Auf jedem Teller lagen vier Stück dieser Kostbarkeiten. Keiner von uns hatte zuvor so etwas gegessen. Ich äußerte mein Missbehagen, dem sich die Freunde ohne zu zögern anschlossen. Was konnten wir tun, um unsere Ehre zu retten. Wir konnten die Schnecken doch nicht zurückgeben. In jeder Hand zwei teure

Schnecken, die Hände in die Hosentaschen gestemmt, stießen wir die Pendeltüre zur Toilette auf und bestatteten unsere teure Nachspeise.

Nachdem ich in die »Jahre« kam, begann ich, mich immer mehr für unsere Verwandtschaft zu interessieren. Verwandte mütterlicherseits aus dem Hotzenwald, von Todtmoos, Engelschwand und Giersbach besuchten uns gelegentlich. Eine Schwester meines Vaters, Tante Gretel und ihr Mann, ein Zollbeamter, kamen öfters zu Besuch. Tante Gretel hielt die väterliche Familie zusammen. Zu den Verwandten in Amberg in der Oberpfalz, dem Geburtsort meines Vaters, und seinen in Bayern verstreuten Geschwistern gab es in der Kriegs- und Nachkriegszeit leider keine Kontakte. In späteren Jahren lernte ich sie alle kennen und schätzen.

Eines Tages besuchten uns wieder einmal Tante Gretel und Onkel Ernst. Nach einem längeren Gespräch, entschied sich unsere ansonsten sparsame Mutter, den Gästen zum Abschied ein Geschenk zu überreichen. Sie gab Onkel Ernst zur Erinnerung an uns mit großer Geste eine Flasche. Ich wunderte mich sehr über die plötzliche Freigiebigkeit unserer Mutter, hatte sie doch den in einer Weinflasche abgefüllten Mirabellenschnaps über mehrere Jahre gehütet wie ihren Augenstern. Unsere Mutter war offensichtlich der Meinung, eine Flasche Wein geschenkt zu haben. Nachdem sich unser Besuch verabschiedet hatte und ich unsere Mutter auf den möglichen Irrtum hinwies, war sie sehr entrüstet.

Onkel Ernst hätte sich doch für das teuere Geschenk besonders bedanken können. Mir warf sie wütend vor, sie nicht bei der Übergabe des Geschenkes auf den Irrtum hingewiesen zu haben. Ich gab schalkhaft zu verstehen, dass ich ja nicht wissen konnte, wie großzügig sie heute sein wolle. Ich wollte mir die Freundschaft zu Tante Gretel, bei der ich in den Ferien gelegentlich einige Tage wohnen durfte, erhalten. Sie war in ihrer dauernd unaufgeräumten Küche eine wahre Meisterin in der Herstellung feiner Soßen, die mir mit Knödel und einem leckeren Braten besonders gut schmeckten.

Am 5. März 1946 erhielt ich einen Brief von meinem Vater, dass er seit 6 Wochen wegen einer schweren Krankheit stationär untergebracht sei. Damals waren die Besatzungszonen abgegrenzt. Nach früheren Erfahrungen zog ich es vor, die Reise nach Karlsruhe ohne Passierschein anzutreten. Ich wollte meinen kranken Vater unter allen Umständen besuchen. Es gelang mir, unauffällig und ohne Kontrolle die Schranke zu passieren und die Gaststätte Baden, die meine Stiefmutter bewirtschaftete, zu finden. Sie ging sofort mit mir zum Krankenhaus. Wir standen in der offenen Tür zum Bettensaal. In den etwa 30 Betten lagen Patienten in gleichen weißen Bettbezügen. Meine Stiefmutter sagte zu mir: »Franzel, such Deinen Vater!« Ich war ihm seit meiner frühen Kindheit nicht mehr begegnet und besaß nur Photos von ihm. Wie an der Schnur gezogen fand ich ihn in seinem Krankenbett. Ich erinnere mich nicht mehr, was wir uns zu sagen hatten. Es war das letzte

Mal, dass ich meinem geliebten Vater lebend begegnete. Am 26.8.1946, wenige Wochen nach meinem letzten Besuch bei ihm, starb er. Ich fuhr wieder nach Karlsruhe zur Beerdigung. Jetzt lagen in einer Wiege Zwillinge, meine Schwester Doris und mein Bruder Peter, die unseren Vater nie kennen lernten. Obwohl ich ihn wenig erleben konnte, manchmal sehr vermisste und nur die Briefe und zwei Gemälde von seiner Hand als Erinnerungsstücke besitze, blieb ich ihm in der ganzen Zeit und über seinen Tod hinaus in Gedanken immer nahe.

Das Leben ging auch nach Vaters Tod in Rheinfelden weiter. Ich nahm immer mehr an kulturellen Angeboten der Stadt teil und hatte einen sehr großen Bekanntenkreis. Mit der Währungsreform 1948 veränderte sich die wirtschaftliche Situation von Tag zu Tag. Die Lebensmittelgeschäfte hatten plötzlich ein reichhaltiges Angebot. In der Hungerzeit nahm ich mir vor, wenn es wieder möglich wäre, eine ganze Torte alleine zu essen. Dies war nicht mehr nötig. Es gab ja so viele Alternativen. Im gesellschaftlichen Leben bestand ein erheblicher Nachholbedarf. Der Jahresabschluss und jedes Fest wurden zu ausgedehnten Vergnügungen genutzt. Alkohol floss an Karneval in Strömen. Die Menschen waren ausgelassen, ganz im Gegensatz zu dem in der Schweiz eher ruhigen Verlauf der Festtage. Auch ich profitierte von dieser Entwicklung und konnte mir bei meinen Einnahmen leisten, mich gut einzukleiden. Damals trug ich nur Maßanzüge. Unsere Mutter legte großen Wert darauf, meine Hemden zu pflegen. Sie hatte das Vorrecht, wenn sie Kleider ausbürstete, das vorhandene Kleingeld in den Taschen zu kassieren.

Wir verlegten unsere Vergnügen zunehmend in die Umgebung unserer Stadt. In Grenzach gab es nicht nur ein modernes Schwimmbad, sondern auch die hübschesten Mädchen. Mein Bruder Hans hatte inzwischen geheiratet. Ich traf mich oft mit ihm, seiner Frau Marlies und den Kindern in den Schwimmbädern. Die Finanzen ließen es zu, mir für das Wintervergnügen eine Skiausrüstung zu kaufen. Es war für mich und meine Freunde ein besonderes Vergnügen, im warmen Reisebus durch die beschlagenen Scheiben in die Winterlandschaft des Schwarzwaldes zu schauen, wenn wir an den Wochenenden zum Feldberg fuhren, um am Fahler Loch unsere Technik im Skilaufen zu verbessern. Todtnauberg wurde für eine längere Zeit mit vielen Freunden zusammen unser regelmäßiger Treffpunkt. In den verschiedenen Lokalen gehörten wir zum Stammpersonal. Dort feierten und tanzten wir oft bis in die Puppen. Im Engel in Todtnauberg lernte ich Lotte, eine sympathische Ärztin, und deren Familie kennen. Mit ihr konnte ich mich über viele Fragen austauschen. Über viele Jahre, bis zu ihrem Tod, hielt sie freundschaftlichen Kontakt mit mir und meiner Familie. Strohsterne von ihr schmücken jährlich unseren Christbaum

Harald, unser ehemaliger Untermieter, war in der bewegten Zeit bis zum meinem einundzwanzigsten Lebensjahr und darüber hinaus mein geschätzter Gesprächspartner. Wir blieben Freunde und tauschen unsere Erlebnisse auch heute noch gelegentlich am Telefon aus. In anregenden Gesprächen unterhalten wir uns wie früher über Kunst, Wissenschaft und Religion. Er ist leider gehbehindert, sodass ich ohne ihn seine geliebte Heimatstadt Graz besuchen muss. Mit Harald und seiner Frau Gudrun saß ich in Rheinfelden viele Abende zusammen, um zu diskutieren und Jazz zu hören. Er frug mich damals öfter, warum ich nicht studiere. Ich gab ihm zur Antwort, dass es mir gut gehe und ich kein Ziel erkennen könne, für das es sich lohne, ein Studium zu wagen. Das sollte sich später ändern.

Ich erinnere mich gern an die regelmäßigen Fahrten nach Basel, die Ausstellungen im Kunstmuseum und an die ausgezeichneten Vorträge. Wir unternahmen auch einmal eine Ausfahrt zum Züricher Flugplatz. Dort hatten wir unsere helle Freude an den startenden und landenden großen Maschinen. Wir wurden dann durch ein Hinweisschild aufmerksam, dass Rundflüge über Zürich zu günstigen Preisen möglich seien. Kurz entschlossen standen wir um ein Ticket an. Harald, der tapfere Österreicher, überließ mir mit einer noblen Geste den ersten Flug mit der kleinen Maschine. Wir starteten. Der Pilot nahm nach dem Start an der Maschine einige Einstellungen vor, die mich verunsicherten. War am Flugzeug etwas nicht in Ordnung? Vorsichtig genoss ich den Blick über die Stadt und Umgebung von Zürich. Wir landeten und ich kam nach meinem ersten Flug wieder heil auf Mutter Erde an. Harald war nun am Zuge. Er überstand alles ohne Schaden zu nehmen. Auf der Rückreise tauschten wir unsere Erfahrungen über den Erstflug aus. Natürlich hatte der Pilot auch bei Harald Einstellungen vorzunehmen, die er als lebenshungriger Mensch sehr wohl bemerkte. Seine Gefühlslage ähnelte meiner. Er hatte lediglich in der Warteschleife den Fehler gemacht, die Versicherungspolice zu studieren und wusste nun genau, welche Summe Franken ihm bei einem Arm-, Beinbruch oder im Todesfalle seinen Angehörigen zuständе. Er wirkte nicht unglücklich, als er wieder festen Boden unter den Füßen hatte.

Nun steuert meine Erzählung auf das bedeutungsvolle wichtige Datum der Volljährigkeit zu. Meinen einundzwanzigsten Geburtstag habe ich sicherlich ausgiebig gefeiert. Ich kann mich aber beim besten Willen nicht mehr erinnern, wo oder mit wem ich diesen Geburtstag verbrachte. Im nächsten Buch werde ich darstellen, wie ich zur Würde eines Stadtrats von Rheinfelden aufstieg und welche Erfahrungen ich in diesem, in der Öffentlichkeit angesehenen Amt machte.

Die Kapelle

Wir sind zusammen unterwegs: Die Luft ist diesig und steht an diesem heißen Sommertag flimmernd über dem steinigen Weg, der zu einem kleinen Waldstück in der Nähe führt. Meine Frau und deren Schwester gehen in angeregtem Gespräch voraus.

Ich bleibe mit den beiden kleinen Kindern immer mehr zurück. Wir können das Tempo der Frauen nicht mithalten. Die Trippelschritte der Kleinen geben nicht mehr her. Auch mir ist im Moment eine bedächtigere Gangart viel angenehmer. Die Kinder stimmen bereitwillig zu, als ich ihnen, der brütenden Hitze wegen, eine Ruhepause vorschlage. Wir setzen uns an den Wegrand, lassen die »Großen« ziehen und verwenden alle Gegenstände, die uns in die Hände fallen, um damit zu spielen. Es finden sich in unmittelbarer Nähe viele bunte Steine unterschiedlicher Größe, körniger, durch die Einflüsse der Witterung aus den Steinen gebröselter Sand, da und dort ein trockenes Holzstück. Die Kinder sind, erlöst vom unangenehmeren Wandern, sofort mit Vergnügen in ihr Spiel vertieft. Auch ich wehre mich nicht gegen die aufkommende Lust, zu spielen und zeichne mit dem Finger Figuren in den lockeren Sand.

Aus unerfindlichen Gründen ergreift mich nun zunehmend eine wehmütige Stimmung. Eine überraschende Unsicherheit befällt mich. Ich gebe es bald auf, nach irgendeiner Erklärung hierfür zu suchen. Immer mehr wandelt sich diese Verstimmung in eine Traurigkeit, die sich zunehmend als Spannung im ganzen Körper ausbreitet und bis zum Hals hinauf zu spüren ist. Meine Kinder, offensichtlich ohne Ahnung von meiner bedrückten Stimmung, spielen derweil arglos und vergnügt neben mir.

Die Stimmen der Frauen verlieren sich in der Ferne und dringen nur noch als unverständliche Wortfetzen an mein Ohr. Einige Schmetterlinge umspielen uns. Die Vögel haben sich der Hitze wegen einen schattigen Platz im Wald gesucht und sind fast nicht mehr zu hören.

Doch, was ist denn das? Plötzlich höre ich von weit her Gesang. Es sind Melodien, wie aus einer anderen Welt, die ich schon lange nicht mehr hörte. Marienlieder, die mir aus früheren Tagen vertraut sind. Sie dringen aber nicht nur an mein äußeres Ohr. In der augenblicklichen Verstimmung eröffnen sie sich eine innere Tür, die mir ein tröstendes Hören ermöglicht.

Ich unterbreche spontan mein gedankenloses Spiel im Sand, richte mich auf und wittere, wie ein waches Wild, in Richtung des Gesanges. Woher konnten in dieser einsamen Gegend die Melodien kommen? Wie unter einem unwiderstehlichen Drang nehme ich meine beiden Kinder an der Hand und folge dem Klang der Lieder. Sie führen uns den Weg zurück, bis wir in der Ferne die Umrisse einer kleinen Kapelle entdecken, an der wir zuvor achtlos vorbei gegangen sein mussten.

Eine der kleinen Wegkapellen, wie sie im Schwarzwald öfters anzutreffen sind. Steine und Holz aus der Umgebung bilden das Baumaterial. Außen mit grobem Putz versehen, der Innenraum meist schlicht gestaltet. Einfache, zur Andacht ladende Bänke, ein Kreuz mit Marienbild und ein Strauß frischer Feldblumen auf dem kleinen Altar, bilden die ganze Ausstattung. Schwarzwälder Bauern haben hier Hand angelegt, das ist aus allen Details zu spüren.

In immer schnelleren Schritten kommen wir der Kapelle endlich näher. Es besteht nun kein Zweifel mehr. Aus diesem schlichten Andachtsraum erklingen die frommen Lieder. Wie an unsichtbaren Fäden ziehen sie mich mit den Kindern in die Kapelle. Leise, um die Sänger nicht zu stören, öffnen wir die Türe und nehmen auf den rohen Bänken Platz. Eine Familie, »Wandersleute wie wir«, mit ihren Kindern sitzen dort und singen aus vollem Herzen: »Maria breit den Mantel aus…, Segne mich Maria…« und andere Lieder, die mir seit Kindertagen vertraut sind.

Ich sitze mit meinen Kindern da und lausche ergriffen dem andächtigen Gesang der Familie. Es verschlägt mir die Stimme. Ich kann nicht mitsingen, bin einfach

nur da, betroffen und getroffen. Die Nähe zur Gottes-
mutter, vielleicht zu allem Mütterlichen, wird in diesem Raum spürbar. Die Lieder von Sehnsucht, Wehmut
und Geborgenheit wirken wie eine Antwort auf meine
Sprachlosigkeit.

Seit Jahren hatte ich nicht mehr geweint. Nun flossen
die Tränen. Wie aus einer reinen Quelle rannen sie aus
überquellenden Augen die Wangen hinab. Stumm,
ohne die geringste Scham, überließ ich mich diesem
Erleben. Sie drückten ja weniger Schmerz, eher Freude
und Entlastung aus.

Ein im Lebenskampf etwas verhärteter Mann hatte in
einer Kapelle im Schwarzwald in der Geborgenheit
frommer Lieder einer »Wanderfamilie« tiefe Tröstung
erfahren und zulassen können.

Noch heute, wenn ich mich an die Kapelle im Schwarzwald erinnere, fühle ich mich unter den Schutz der Got-
tesmutter gestellt. Ein Vikar sagte mir einmal: »Mari-
enkinder gehen nicht verloren!« Diese Zuversicht gebe
ich gerne weiter!

Die kleine Kapelle im Schwarzwald möge mir verzei-
hen, dass ich sie einmal übersehen habe.

Reisefieber

Zum Wochenende ist eine Reise nach Münster in Westfalen geplant. Nur noch vier Tage und fünfmal Schlafen, dann werden wir unser Auto packen und Oppenweiler, unseren jetzigen Wohnort, für eine Woche verlassen. Es geht mir wie einem kleinen Jungen kurz vor einem schönen Fest. Erwartungsfroh fliegen meine Gedanken hin zu der Stadt und den Menschen, die uns über zehn ereignisreiche Jahre Arbeit und ein zu Hause boten. Ich werde unser geliebtes Münster bald wieder sehen und bin innerlich schon auf der Reise.

Es ist noch dunkle Nacht in Oppenweiler. Die Leuchten an meinem Arbeitsplatz spenden ein warmes Licht und meine Finger fliegen über die Tasten meines Computers. Sie sind kaum zu bremsen. Ich sehe den langen Weg vor mir. Über die Autobahn Richtung Heilbronn an Frankfurt vorbei in lang gezogenen Kurven durch das Sauerland. Er ist mir von vielen Fahrten vertraut. Zunächst mit meiner Frau und unserer ältesten Tochter, die ehemals in unserem alten VW-Käfer im hinteren Teil des Gefährtes geborgen, alle Ereignisse selig verschlief. Später von Oppenweiler aus im Audi Avant als größere Familie voll bepackt zusammen mit unseren drei Kindern.

Es dauert auf meiner Fantasiereise nicht mehr lange und wir bekommen nach Dortmund die vertrauten Ebenen mit den vom Winde bewegten Bäumen und Büschen des weiten Münsterlandes, seinen behäbigen Bauernhöfen und alten Gasthäusern in den Blick. Das Wasser läuft mir im Munde zusammen, wenn ich mich an den dünn geschnittenen westfälischen Schinken und ein frisches Bier erinnere, das uns serviert wurde, wenn wir bei unseren Ausfahrten in die Umgebung an einem offenen Kamin in einer gemütlichen Wirtsstube Platz genommen hatten.

Unser in die Jahre gekommener Audi Avant, der die Familie auf vielen Reisen sicher ans Ziel brachte, wird wieder voll gefüllt sein mit Utensilien, obwohl wir als Rentner alleine reisen und leider auf unsere Kinder verzichten müssen. Es ist noch keine halbe Stunde vergangen und wir nähern uns auf der Reise in die Vergangenheit Münster. Bei der Anfahrt zur Stadt tauchen im Dunst eines Sommertages die Türme des Doms und der Überwasserkirche auf. Ich werde für eine ganze Woche im Franz-Hitze-Haus an einer wissenschaftlichen Tagung zur Hohelied-Exegese teilnehmen. Meine Frau wird mich begleiten. Wir werden uns Zeit lassen, in unserer zweiten Heimat anzukommen.

Ich freue mich auf Besuche bei meinem Schwager und dessen Familie, ein Frühstück oder eine gemeinsame Mahlzeit und eine Plauderstunde. Dann werden wir am ehemaligen Landeskrankenhaus entlang, in dem

wir beide über mehrere Jahre arbeiteten, zum »Sacré-
Cœur-Weg« spazieren. Dort steht unser ehemaliges
Haus mit dem kleinen Garten und dem nahe gelegenen
Wäldchen, in dem unsere Älteste mit Nachbarskindern
herumtollte.

Wir werden Karl und Brigitte, unsere vertrauten Nachbarn, wieder sehen und Erinnerungen und Aktuelles
austauschen. Ich freue mich auf den kleinen Justus, den
Enkel der stolzen Großeltern. Wie mag er sich seit unserem letzten Besuch entwickelt haben?

Ganz sicher werden wir durchs »Kreuzviertel« schlendern. Dort habe ich in der Schulstraße einst recht auf-
dringlich meine damalige Freundin Iris, die wie ich in
Münster studierte, in ihrer Wohnung besucht. Um die
Ecke befindet sich die Hedwigstraße, in der wir nach
unserer Hochzeit unsere erste gemeinsame Wohnung
einrichteten. Die »Mutter Birken«, ein mit Studenten
voll gestopftes Lokal, mit dem Gedränge am Tresen,
den vielen Gesprächen, lädt wieder zu einem Glas Bier
ein.

Wir werden am Buddenturm, dem ehemaligen Psychologischen Institut, dem Priesterseminar und der Überwasserkirche vorbei, über die gepflasterte Straße zum
Dom und zur Innenstadt spazieren. Ich höre den tiefen
Ton der Glocken, die uns an den Sonn- und Festtagen
zu Gottesdiensten einluden, und kann die vielen Stän-
de des am Wochenende belebten Marktes sehen. Die

Augen gleiten wie früher begehrlich über das reiche
Angebot an Blumen, Obst, Gemüse, Käse und vor allem
Würsten. Ich werde sicher an einer knackigen Rotwurst
nicht vorbeikommen. Wir werden ohne Hast am Wochenende den belebten Prinzipalmarkt mit der beherr-
schenden Lambertuskirche, den stolzen Patrizierhäu-
sern, dem Rathaus genießen und an den mit ihren Angeboten lockenden Geschäften vorbei unter den Kaska-
den die belebte Straße rauf und runter schlendern. Ich
werde mich gewiss in der Herderschen Buchhandlung
nach Neuerscheinungen in Literatur, Theologie und
Philosophie umschauen. Vielleicht reicht die Zeit, um
wenigstens einmal im »Pinkus« an den rohen Tischen,
die nach Studentenleben riechen, Grünkohl mit Würsten und Kartoffeln zu essen.

Wir werden sicher bei schönem Wetter vor dem »Stuhl-
macher« sitzen, uns ein Pils zapfen lassen und in aller
Ruhe die vorbeiziehenden Damen mit ihren gefüllten
Einkaufstaschen und die ewig hübschen Studentinnen
bewundern, vielleicht mit einigen Münsteranern über
die Vorzüge dieser Stadt reden und uns rundherum zu
Hause fühlen.

Es könnte mich sehr verlocken, den kulturellen Angeboten der Stadt, dem Theater, dem Landesmuseum, der
Universität, dem Aasee mit dem Mühlenhof, dem Zoo,
meine Referenz zu erweisen. Dies würde aber meinen
Schlaf weiter verhindern. Es ist inzwischen vier Uhr
morgens geworden.

Ich werde nun meine Fantasie-Reise nach Münster unterbrechen und meinen Schreibtisch verlassen, denn ich darf sicher sein, dass wir unser geliebtes Münster bald wieder in Wirklichkeit sehen. Es ist aber fraglich, ob ich jetzt bei meinem Reisefieber überhaupt noch Schlaf finde? Ich werde es wenigstens versuchen. Einstweilen grüßen wir Dich, schöne Stadt und all die Menschen dort. Was wird sich seit unserem letzten Besuch wieder alles verändert haben?

Das Leben bietet sich ja in ständigem Wandel an. Die Zeit bleibt nicht stehen. Wohl aber den Menschen, die es sich wie wir Rentner leisten können, gelegentlich nicht nur in der Fantasie, sondern auch in der Realität Orte aufzusuchen, in denen sie eine glückliche Zeit erleben durften, um dankbar zu bleiben für Erinnerungen und Wirklichkeit.

Feriengrüße

Heute besprachen wir beim Frühstück unsere bevorstehende Abreise am kommenden Freitag. Nur noch zwei Tage! Wie im Flug sind die erlebnisreichen beiden Wochen vergangen. Es fällt schwer, mich an den Gedanken zu gewöhnen, Sonne, Strand, Wellen und unser schönes Ferienhaus wieder zu verlassen. In der Absicht, etwas von diesen Tagen zu bewahren, kommt mir die Idee, unseren Freunden von den Erlebnissen in einer kleinen Geschichte zu erzählen.

Im vergangen Jahr bewohnten wir in S`Gravensande schon einmal ein Ferienhaus. Es bot uns mehr Schutz vor den hier, trotz Sonne, immer heftig wehenden Winden. Der Ferienpark ist ausgebucht. Viele Holländer nutzen die Schulferien, um sich an der See zu erholen. Uns direkt gegenüber haben oft anwesende Bewohner ihr Eigenheim liebevoll mit bunten Blumen und zahlreichen Büschen umgeben. Ein schwerer, weiß gestrichener Anker, auf dem eine Möwe im Flug thront, soll wohl andeuten, dass sie beabsichtigen, für längere Zeit anzudocken. Sicherheitshalber befestigten sie ihr »Schmuckstück« mit einer starken Kette an einem Holzpuffer. Wem könnte es aber schon in den Sinn kommen, sich an einem so schweren Anker zu vergreifen? Ich versuchte anfänglich, unsere Nachbarn, die oft auf der windgeschützten Seite ihrer Terrasse saßen, anzusprechen, spürte aber fast körperlich deren Abneigung, sich auf nur vorübergehend hier wohnende Gäste einzulassen.

Bei den vielen, häufig wechselnden Feriengästen, die uns an die rasch vergehende Zeit erinnern, ist es sehr wohltuend, in den Holländern, die für längere Zeit »Anker geworfen« haben, als Gegengewicht zur Veränderung Stabilität zu spüren. Die hier »ansässigen Holländer« bieten jedenfalls Gewähr, dass auch wir wieder Gefallen an »S`Gravensande finden könnten.

Viele Kinder bereichern mit ihren Spielen auf den Strassen unseren Ferienalltag: Sie fahren begeistert mit großen Kettcars herum. Hunde aller Rassen werden hier von ihren stolzen Besitzern ausgeführt. Bei genauerem Hinsehen passen die großen oder kleinen Vierbeiner oft auffallend gut zu ihren Frauchen oder Herrchen.

Hinter unserem Haus haben wir freien Blick auf einen kleinen Binnensee. Enten, Reiher und vor allem Möwen vergnügen sich dort im Flug. Sie möchten bewundert und gefüttert werden. Zur Nacht wiegen uns die quakenden Frösche mit einem ausdauernden, eintönigen Konzert in den Schlummer. Die um den See verteilten schmucken Häuser spiegeln sich bei Tageslicht und nachts im Schein der Laternen im Wasser, als ob sie sich durch ihr reflektiertes Spiegelbild von ihrer

Schönheit überzeugen müssten. Alles um uns drückt Leben und Veränderung aus. Wir lassen uns auf diese Stimmung ein und genießen die vielen Eindrücke in vollen Zügen.

Gestern befanden wir uns wieder einmal auf einem längeren Spaziergang den Strand entlang, Richtung Hoek van Holland. Im Rücken eine kräftige Brise, über uns ein strahlend blauer, unendlich weit gedehnter Himmel. Hinter uns und vor uns, so weit das Auge reicht, die heranstürmenden Wogen, die sich schäumend überschlagen und in immer matterer Bewegung am Strand auslaufen. Ein nach ehernen Gesetzen geregelter Ablauf: Wie ein unruhig pochendes Herz der See, so kommt und geht das Wasser im steten Wellenschlag seit urdenklichen Zeiten. Der weit gewölbte Horizont und die anstürmenden Wassermassen lassen den Betrachter klein werden. Welch staunenswerte Kräfte bändigt die Natur in einem einzigartigen, großzügigen Spiel! Wie bedeutungslos erscheint demgegenüber das Bemühen der Menschen, wenigsten einen kleinen Teil dieser Reserven zu nutzen.

Unzählige, vielfarbige, bunt gestreifte Muscheln ordnen sich beim Ausschreiten unter unseren Füßen zu Mosaiken. Sie wollen offensichtlich gesehen und gesammelt werden. Wir raten daher unserer Enkeltochter, die seit Beginn der Ferien bei uns wohnt, nach den schönsten Muscheln zu suchen. In unserer Ferienwohnung sind inzwischen einige der bestaunenswerten Fundstücke zur Dekoration auf einer Fensterbank ausgelegt.

Gerade eben kommt Sofia wieder ins Haus zurück. Sie benötigt dringend altes Brot, um ein Entenpaar, das ganz zutraulich vor unserer Tür bettelt, zu füttern. Immer wieder läuft sie aus dem Haus, hin zu einer Freundin oder besteigt stolz ihr Einrad, um nach einer Weile wieder zurück zu kehren und von ihren Erlebnissen zu berichten. Im Moment ist sie dabei, Steine, die sie zusammen mit ihrer Freundin sammelte, auf einem Stück Papier in Reihen aufzukleben. Sie ist eine sehr aufmerksame Beobachterin. Auf unseren Wanderungen stellt sie uns unermüdlich neue Fragen. Warum sich alles so verhalte, wie wir es beobachten? Warum das Meer komme und wieder zurückfließe, woher die Muscheln am Strande kämen und vieles andere. Gelegentlich erinnert mich dieses fast philosophische Fragespiel an Parmenides, der lange vor unserer Zeit sich und uns die Frage stellte, warum es überhaupt etwas gebe und nicht nichts? Zuweilen berührt sie zu meiner Verwunderung auch religiöse Themen. So beschäftigt es Sofia sehr, ob es Gott gebe, wie die Christen glaubten, oder ob es Gott nicht gebe. Manche Fragen bringen mich dazu, Antworten offen zu lassen und das Fragespiel meiner Enkelin durch meine Fragen ergänzend zu vertiefen. Sie bringt mit ihren wachen Sinnen viel Farbe und Leben in unseren Ferienalltag. Mit großer Hartnäckigkeit hält sie vor allem an Liedern fest, die ihr besonders zusagen. Das alte Studentenliedchen »Als die Römer frech

geworden« geistert unentwegt durch unseren Ferienalltag. Am Morgen, am Mittag, auf unseren Wanderungen oder im Auto ist das Liederbuch dabei und los geht
es mit dem Lied: »Als die Römer frech geworden.«

Kehren wir aber nun wieder zurück zu unserer Wanderung am Strand: Wir kommen inzwischen Hoek van
Holland immer näher. In der Ferne können wir schon
deutlich die mit Containern hoch beladenen Schiffe
sehen, die mit der Flut auslaufen. Wir werden sicher
während unseres Urlaubs noch Gelegenheit finden, näher an Hoek van Holland heran zu wandern.

Seit geraumer Zeit beobachten wir Küstenfischer in einem Motorboot. Sie haben beidseits Netze zum Fang
ausgelegt und kreuzen bei der Suche nach den besten
Fischgründe hin und her. Eine unzählige Schar krei-
schender Möwen, deren Schreie ab und zu vom Wind
zugetragen werden, umkreist das Schiff.

Die mühselige Arbeit dieser Fischer lässt mich unwill-
kürlich daran denken, dass es vor langer Zeit ebenfalls
Fischer waren, die sich eine ganze Nacht vergeblich um
einen guten Fang bemühten und nichts fingen. Die dann
erneut ihre Netze auswarfen, als der Herr sie dazu auf-
forderte, und eine so große Zahl Fische fingen, dass das
Boot sie kaum bergen konnte. Für einen Moment steht
mir auch die andere Szene deutlich vor Augen, wie
Petrus, der den Herrn dreimal verleugnete, sich spontan das Obergewand umwirft, in den See stürzt und

Jesus entgegen schwimmt, als er den Auferstandenen erkennt. Die reale Beobachtung der Küstenfischer und die daran anknüpfende Erinnerung schien die dazwischen liegende Zeit so aufzuheben, dass auch ich einen Hauch nachösterlichen Erlebens spürte.

Sofia riss mich indes mit der erschrockenen Bemerkung: »Ich muss ja noch zum Reiten!« aus meinen Betrachtungen und führte uns unmittelbar in unseren realen Ferienalltag zurück. Ein Blick auf die Uhr. Es konnte noch reichen, wenn wir uns sehr beeilten. In beschleunigtem Tempo ging es nun hinter den Dünen wieder zurück in unser Ferienhaus. Sofia war fast unendlich glücklich, als sie auf ihrem geliebten Pferd saß und Oma sie bei ihren Lektionen bewunderte.

Wir hatten uns auch vorgenommen, unserem Schwiegersohn und unserer Tochter, die mit den Vorbereitungen zum Einzug ins neue Haus bis an ihre Grenzen gefordert waren, zu helfen. Dabei blieb es aber nicht. Gelegentlich war die ganze Familie zu Gast bei Claudia und Oli. Dann konnte es geschehen, dass wir nach turbulenter Mahlzeit dort übernachteten, oder die lebhafte Veranstaltung fand in umgekehrter Reihenfolge in unserem Ferienhaus statt.

Wenn Niklas, der zweijährige Wirbelwind, durch die Wohnungen fegte, mit seiner Schwester kämpfte oder spielte, blieb kein Auge trocken. Oma war sehr begehrt, um ihm bei der Arbeit mit seinen vielen Baggern zu helfen. Niklas konnte sehr laut und deutlich auf seinen Wünschen bestehen. Dann tönte es energisch: »Oma, spiel mit mir!!«

Zwei Tage besuchte uns eine Freundin, die in der Nähe von Bocholt zu Hause ist. Sie fand sich mit viel Geschick in der lebhaften Großfamilie erstaunlich gut zurecht und hatte offensichtlich großes Vergnügen an dem ganzen Umtrieb. Wir besuchten oft die Baustelle des neuen Hauses. Vier Wochen seines wohl verdienten Urlaubes hatte unser Schwiegersohn geopfert, um die Böden zu verlegen, Wände zu streichen und die Außenanlagen bezugsfertig zu gestalten. Nun scheint es vollbracht.

Der Umzug ist auf Ende Mai geplant. Die anstehenden Aufgaben unserer Kinder haben mich sehr an die Zeit erinnert, als auch wir damals mit unseren Kindern, der beruflichen Belastung und verschiedenen Neubaumaßnahmen voll ausgelastet waren. Es scheint sich alles irgendwie zu wiederholen. Meine Sorge ist nur, dass Bedürfnisse nach Erholung hoffentlich nicht zu lange unbefriedigt bleiben. Auf der anderen Seite beruhigt es uns sehr, dass wir, im »Unruhestand« angekommen, nach erlebnisreichen Stunden oder Tagen immer wieder ruhigere Fahrwasser ansteuern können. Auch hier gelang es, uns einige Mußestunden zu gönnen, um unseren Freunden zu berichten, was sich hier in unseren Ferien an der See in bunter Folge ereignete.

Wir beide, meine Frau und ich, sind für diesen »lebhaften und besinnlichen Urlaub« sehr dankbar. Vielleicht vermag dieser schriftliche Feriengruß unsere Freunde ermuntern, die Dankbarkeit mit uns zu teilen.

Mit herzlichen Grüßen aus unseren Ferien

Eine Kindergeschichte mit Vorwort

Es war einmal ein munteres, kluges Mädchen. Sie hieß Sophia. Damit Ihr sie näher kennen lernt, erzähle ich Euch einige Ereignisse aus ihrem bisherigen Leben. Dabei fasse ich mich sehr kurz, denn ich will mir noch genügend Zeit und Lust aufsparen, um Euch danach eine hoffentlich recht spannende Kindergeschichte zu erzählen.

Lange vor ihrer Geburt, von Mama, Papa, den Großeltern und der ganzen Verwandtschaft sehnlichst erwartet, kam Sophia in Erlangen, einer fränkischen Universitätsstadt, zur Welt. Sie lernte Freunde und Freundinnen im Kindergarten kennen und genoss es, an schönen Sommertagen im nahe gelegenen See zu baden. Wie so oft, vergnügte sie sich eines Tages wieder im See und tauchte plötzlich, ohne einen Laut von sich zu geben, unter. Ihre Mama stürzte entsetzt zur Unglücksstelle und zog die kaum überraschte, putzmuntere Sophia wieder aus dem Wasser. Möchten ihr auch weiterhin in der Not gute Engel zur Seite stehen!

Sophia spielte nicht nur ausdauernd mit anderen Kindern, sondern unterhielt auch oft ihre Eltern und deren Gäste mit zirkusreifen Attraktionen und Tänzen. Sie begleitete ihre Mama bei Einkäufen und achtete sehr darauf, dass auch ihre Wünsche respektiert wurden. Nach

anstrengenden Spieltagen fiel es Sophia oft sehr schwer,
Ruhe zu finden und einzuschlafen.

Durch ihr freundliches Wesen und ihre Spielfreude, gelang es ihr leicht, Zuwendung und Aufmerksamkeit von
Ihren Großeltern zu bekommen. Bei Besuchen wurden
die dort aufbewahrten Spielsachen von Sophia umge-
hend ausgeräumt. Im Handumdrehen verwandelte sie die
Wohnungen in ihre Kinderzimmer. Mitten in ihren Schätze fühlte sie sich offensichtlich pudelwohl. Zunehmend
entdeckte sie das Telefon und bestand hartnäckig darauf,
ausreichend mit ihrer Verwandtschaft zu telefonieren.

Am Bodensee kam dann zur Weihnachtszeit das langer-
sehnte Brüderchen Niklas zur Welt. Von allen, auch den
Tanten und Großeltern, sehr umworben, zog Niklas alle
Aufmerksamkeit auf sich. Es war gar nicht so einfach für
Sophia, sich auf dieses »kleine Brüderchen« einzustellen, das gar nichts anderes konnte als schlafen, trinken
und ein wenig lächeln. Er wuchs aber rasch und wurde
zusehends munterer, so dass von ihm sicher noch weitere Überraschungen zu erwarten sind.

Sophias Kindergartenzeit war inzwischen vorbei. Sie
hatte schon oft ihre neue Schultasche geschultert. Nun
war es endlich so weit: Ein großer Möbelwagen stand
voll gepackt vor dem Haus. Auch das Kinderzimmer
und die Spielsachen waren verstaut, denn zum Schulbeginn stand ein Umzug vom schönen Bodensee nach dem
noch unbekannten DEN HAAG bevor. Oli hatte schon

ein Haus ausgesucht und alles für den Einzug vorbereitet. Es gab sogar einen Hund in der Nachbarschaft. Zum
Schulbeginn hatten die Großeltern ihren Besuch angesagt. Nun galt es, sich wieder einmal zu verabschieden
und zu hoffen, dass es auch in der neuen Umgebung
wieder Kinder zum Spielen geben würde.

Solltest Du, liebe Sophia in der neuen Umgebung einmal
keine Kinder zum Spielen finden, nicht telefonieren können, sollte Dir einmal gar nichts einfallen, was Freude
machen könnte, die Schule lästig werden oder Dein Bruder Dich ärgern, dann könntest Du die kleine Geschichte
lesen oder Dir vorlesen lassen, die Dein Großvater Franz
Dir lange versprochen und nun endlich geschrieben hat.

Nun gut aufgepasst, die Geschichte geht so:

Wie so oft, konnte Sophia nach einem erlebnisreichen Tag
einfach nicht einschlafen. Immer wieder stand sie bittend
an der Tür, um mit Oli oder Mama noch eine ganz wichtige Sache zu besprechen. Niklas war schon lange einge-
schlafen. Nachdem Oli sich beharrlich weigerte, versuchte es Mama noch ein »allerletztes Mal« mit einer Hunde-
geschichte und einem erneuten Nachtgebet. Endlich fand
Sophia Ruhe und schlief ein.
   In dieser Nacht hatte sie einen ganz besonderen Traum:
Ihr Kinderzimmer mit den vielen Pferden, Tieren und
Artisten verwandelte sich plötzlich in einen wunder-
schönen großen Zirkus mit einem mächtigen Zelt, einer
Kasse und einer Manege. Über dem Künstlereingang,

der durch einen mit blauen Sternen geschmückten Vorhang von der Manege getrennt war, befand sich ein Podium für das Zirkusorchester. Ringsum gab es viele Plätze für das Publikum, und ganz vorne waren Logenplätze eingerichtet. Hoch oben konnte man ein Netz und Drahtseile für die Hochseilartisten erkennen. An den Masten, die das Zirkuszelt trugen, waren Scheinwerfer befestigt, die das Zelt und die Artisten nach Belieben in unterschiedliches Licht tauchten. Die Logenplätze waren besonders weich mit rotem Leder gepolstert. Über den beiden großen Kassen neben dem Eingang zum Vorzelt konnte man im hellen Licht der vielen bunten Leuchten den Zirkusnamen SCHWALDINI & CO in großen Buchstaben lesen. In einem großen Viereck waren all die vielen Wagen für die Artisten und Tiere zu einer kleinen Zirkusstadt zusammengestellt. Aber seltsam, Sophia erkannte so viele Gegenstände wieder, die sie in ihrem Kinderzimmer benutzte, wenn sie Zirkus spielte. Die waren aber verwandelt und plötzlich so groß wie in Wirklichkeit. Sie konnte das zunächst gar nicht glauben, dann aber dachte sie, wie schön, dass meine bekannten Spielsachen in diesem »besonderen Traum« wieder auftauchen. Sophia war nun auch nicht mehr klein wie eine Erstklässlerin. Sie durfte im Traum wie die Erwachsenen in die abendliche Eröffnungsvorstellung gehen. An einer der großen Kassen kaufte sie bei einer freundlichen Dame eine Karte für einen Logenplatz und hatte noch so viel Geld übrig, dass es für einige Süßigkeiten ausreichte, die man im Vorzelt kaufen konnte. Die Zirkusmusik spielte schon, so dass es Sophia kaum erwarten konnte, ins Zelt eingelassen zu werden, um ja nichts zu verpassen. Mit vielen anderen Menschen zusammen drängte sie zum Zelteingang. Dort stand ein Platzanweiser wie ein Gardeoffizier. Er trug eine rote Uniform mit Goldknöpfen. Dieser staunte nicht schlecht, als Sophia ihre Karte für einen Logenplatz zeigte. Er geleitete sie mit einer höflichen Verbeugung an ihren Platz. Dort saß sie nun wie eine Königin auf ihrem roten Lederstuhl. Ganz nahe war sie beim Geschehen in der Manege und konnte alles genau sehen und hören. Der große Zirkus füllte sich immer mehr bis auf den letzten Platz. Das Zirkusorchester unterhielt die Besucher mit schmissiger Musik.

Vor Aufregung und Spannung bekam Sophia einen ganz roten Kopf. Sie sah sich nun im Zirkuszelt um. Zu ihrem Erstaunen bemerkte sie, dass alle ihre Freunde und Freundinnen von Herzogenaurach, Erlangen, vom schönen Bodensee und auch von DEN HAAG direkt neben ihr Platz genommen hatten. War das eine Freude, hier alle wieder zu sehen, einige Neuigkeiten und Süßigkeiten auszutauschen. Nun schaute sie sich die Empore über dem Künstlereingang mit dem Zirkusorchester näher an. Sie war sehr überrascht, als sie den Namen des Orchesters, der in Goldbuchstaben glänzte, entzifferte. Dort stand nämlich HANS-HINGERL-BAND. Wie kam Onkel Hans mit seiner Band nach DEN HAAG? Fast hätte sich Sophia an einem Bonbon verschluckt, so überrascht war sie. Erst als Onkel Hans Sophia freundlich zulächelte, sich verbeugte und mit dem Taktstock winkte, konnte sie es zulassen, dass im Traum offensichtlich fast alles möglich ist.

Nun spielte das Orchester einen Tusch mit Trommelwirbel. Das ist das Zeichen, dass die Vorstellung beginnt. Der große blaue Künstlervorhang öffnete sich einen Spalt, und der Zirkusdirektor betrat mit majestätischer Geste die Manege, um das Publikum zur Eröffnungsvorstellung zu begrüßen. Aber da konnte nun wirklich etwas nicht stimmen. Sophia entdeckte zur großen Verwunderung, dass der Opa aus Oppenweiler in einem glänzenden roten Frack und einem dazu passenden Zylinder mitten in der Manege stand und sich vor dem Publikum verneigte. Noch erstaunter war Sophia, als der Zirkusdirektor-Opa sie nun und alle ihre Freunde und Freundinnen besonders begrüßte. Eine Freundin aus DEN HAAG, die neben Sophia Platz genommen hatte, konnte vor Überraschung nur noch stammeln: »So einen Opa möchte ich auch haben.«

Und nun folgte ein Zirkusprogramm, das sich in der Schwierigkeit der Darbietungen immer mehr steigerte, so dass die Besucher aus dem Staunen nicht mehr herauskamen:

Als erste Attraktion sagte der Zirkusdirektor die Vorführung edler Pferde an. Eine hübsche, in einen weißen Frack gekleidete Dame, die einen weißen Zylinder trug, der im Lichte der hellen Scheinwerfer glitzerte, betrat die Manege. Beifall brandete auf. Sophia traute für einen Moment ihren Augen nicht. Das war doch die Oma aus Oppenweiler, die ihre Pferde elegant vorführte. Aber was für Pferde waren das? Sophia kannte sie alle und ihre Namen. Es waren ja ihre Pferde aus dem Kinderzimmer. Sie waren aber im Traum lebendig, viel größer und konnten gehen, traben und galoppieren. Sie trugen wunderschöne farbige Büsche auf dem Kopf, die hin und her wackelten, wenn sich die Pferde bewegten. Immer wenn die Oma mit ihrer langen Peitsche knallte, ordneten sich die Pferde wieder zu neuen Figuren. Sie gehorchten ihr aufs Wort und machten zum Abschluss sogar noch eine kleine Verbeugung. Es gab für diese Vorführung einen Riesenbeifall, und die Pferde verließen durch den blauen Vorhang die Manege. Sophia war sich fast sicher, dass ihr die Oma nach dieser Vorführung noch einmal kurz winkte.

Der Direktor betrat nun die Manege wieder, um die nächste Darbietung anzusagen. Es war eine Hundenummer. Eine Dame, umringt von ihren quietschlebendigen Hunden, eilte in die Manege. Sie hatte ein gelbes Kostüm an und winkte dem Publikum elegant mit Kusshändchen zu. Es war, Sophia konnte es fast nicht glauben, die Oma aus Herzogenaurach. Die Hunde, die sie vorführte, waren Sophia bekannt. Es waren tatsächlich ihre Hunde, die aber nun im Traum plötzlich größer waren und sehr temperamentvoll herumtobten. Die Oma hatte alle Mühe, diese aufgebrachte Herde zu kontrollieren. Die Hunde legten sich auf Kommando auf den Bauch, machten Männchen, hüpften über kleine Gitter, legten sich zum Abschluss eine kurze Weile dicht neben einander, um dann in einem Höllentempo durch den blauen Vorhang hinaus zu stürmen. Mit großem Beifall wurde diese Hundedressur vom Publikum und den Kindern belohnt.

Der Zirkusdirektor hatte nun wieder einen großen Auftritt: Die Musik spielte einen Tusch und es folgte die Ankündigung von Artisten der Extraklasse:

In ganz eng anliegenden blauen Trikots betraten zwei Artisten die Manege. Sie waren muskulös und schienen gut vorbereitet. Sie führten gemeinsam Bodenakrobatik aus. Sophia erkannte die Künstler sofort: Der Opa von Herzogenaurach war Untermann. Auf dessen Schultern kletterte behände Papa. Opa streckte nun seine Arme nach oben, Micha fasste die Hände, streckte seine Beine nach vorne, und unter einem Trommelwirbel stemmte er sich langsam in den Handstand. Sie freuten sich offensichtlich über den tosenden Beifall und führten immer wieder neue Kunststücke vor Am Schluss verbeugten sich die Artisten, nicht ohne Sophia noch einmal freundlich zu winken, und verließen die Manege.

Wieder betrat der Zirkusdirektor die Manege und kündigte eine Clown-Nummer an. Ein Clown betrat die Manege. Die Kleider waren ihm viel zu groß, ebenso die Schuhe, so dass er kaum gehen konnte. Mitten im Gesicht hatte er eine knallrote Nase und eine Glatze mit nur wenigen roten Haaren. An der Hand führte er einen ähnlich gekleideten kleinen Clown. Sophia rieb sich verwundert die Augen. Der große Clown lachte sie tatsächlich freundlich an, und der kleine machte eine artige Verbeugung. Erst beim genauen Hinsehen bemerkte Sophia, wer die beiden waren. Es war die Tante Marlies als großer Clown und das Brüderchen Niklas als kleiner. Der kleine Clown konnte offensichtlich nicht reden, denn er hatte den ganzen Mund voll Wasser. Sie führten einen besondere Nummer vor: Als der große Clown den kleinen auf ein Podest gestellt hatte und zu ihm sagte: »Liebes Bienchen, gib mir Honig«, spritzte Niklas seine Tante zu deren Entsetzen von oben bis unten völlig nass. Das Publikum und die Kinder rasten vor Begeisterung.

Nun betrat ein hübsches junges Mädchen mit weißen Stiefeln, einem weißen Röckchen und einer goldenen Pelzmütze als Zirkusprinzessin die Manege. Sie zeigte allen Anwesenden ein Schild mit der Aufschrift PAU-SE. In der Vorhalle des Zirkuszeltes gab es während der Pause Süßigkeiten aller Art, Würstchen und reichlich Gelegenheit, mit den anderen Kindern über die Zirkusvorstellung und die damit verbundenen Erlebnisse zu reden. Einige nutzten die Pause, um alle Tiere in ihren Gehegen zu besichtigen.

Nach einiger Zeit setzte die Musik wieder ein zum Zeichen, dass die Pause beendet sei, und alle Besucher strömten wieder auf ihre Plätze. Vor Sophias Augen befand sich nun ein Gitter, das offensichtlich dazu diente, die Zuschauer vor den gefährlichen Raubtieren zu schützen. Es setzte ein Trommelwirbel und ein Tusch ein, und der Zirkusdirektor kündigte mit großer Geste die anstehende Raubtierdressur an. In einem Lederanzug und Stiefeln betrat der Dompteur als erster den Raubtierkäfig. Sophia bekam es in diesem Moment mit der Angst zu tun, denn Oli hatte offensichtlich den Mut, als Raubtierbändiger aufzutreten. Ihm sollte doch nichts passieren! Nach und nach kamen Tiger, Panther und Löwen ins Gehege. Sophia kannte sie alle aus ihrem Spielzimmer. Jetzt aber waren sie größer, sehr behände und fauchten gefährlich ihren Dompteur an. Oli stellte verschiedene Pyramiden auf, und die Tiere mussten sich darauf setzen. Dann nahm er einen Reifen, hielt ihn über den Kopf, und alle Tiere mussten durch den Ring springen. Gegen Ende der Vorführung legten sich alle Tiere friedlich nebeneinander, und Oli durfte sie streicheln. Dann begann ein neuer Trommelwirbel. Sophia schrie laut: »Pass auf Oli!«, denn nun legte er seinen Kopf in das weit geöffnete Maul des größten Löwen. Unter tosendem Beifall verließen zunächst die Tiere, dann der Dompteur, der noch einmal Sophia zuwinkte, die Manege.

Während die Gitter abgebaut wurden, unterhielten die beiden Clowns wieder das Publikum und die vielen Kinder. Der kleine Clown Niklas hatte eine Klatsche in den Händen und immer, wenn der große Clown sich umdrehte, bekam er kräftig Hiebe. Sobald er sich wieder wendete, stand Niklas unter dem Gelächter des Publikums wieder da, als wäre nichts geschehen.

Nun kündigte der Zirkusdirektor zum Schluss der Vorstellung als Höhepunkt die weltbekannten SCHWALDINI-SISTERS an. Ein Tusch des Orchesters und ein Trommelwirbel begleiteten die drei Damen. Über ihren goldenen Trikots trugen sie goldfarbene Umhänge. Als sie die Umhänge ablegten, staunte Sophia sehr, denn diese Artisten sahen Veronika, Christiane und Claudia sehr ähnlich. Sie könnten es, was im Traum durchaus möglich ist, sogar gewesen sein. Es sah schon sehr gefährlich aus, sie dort oben hoch über den Köpfen der Zuschauer bei ihren Vorführungen zu bewundern.

Zunächst arbeiteten sie am Trapez. Claudia war die Fängerin, und Christiane und Veronika schaukelten mit ihren Trapezen hin und her, lösten sich dann nacheinander, und Claudia fing sie sicher auf. Daran schloss sich eine Balance-Vorführung auf dem Hochseil an. Unter einem Trommelwirbel begab sich Claudia bis zur Mitte des Hochseils und machte dann ihren berühmten freihändigen Salto. Dann setzte sie sich auf ein Motorrad, fuhr bis zur Mitte des Seils, und Veronika und Christiane führten auf ihren Trapezen unter dem Motorrad verwegene Kunststücke vor. Sophia blieb bei diesen Darbietungen fast das Herz stehen aus Angst, es könnte ihren Tanten und der Mutter etwas passieren. Es ging aber alles gut. Die Sisters stiegen herunter und verbeugten sich, nicht ohne Sophia freundlich zuwinken.

Zum Abschluss trat der Zirkusdirektor noch einmal unter tosendem Beifall mit der ganzen SCHWALDINI-TRUPPE in der Manege auf und bedankte sich für den zahlreichen Besuch. Es war schon spät in der Traumnacht geworden. Sophia waren schon ab und zu die Augen ein wenig zugefallen. Alle Tiere in den Käfigen und Stallungen waren zur Ruhe gekommen. Sofia verabschiedete sich nach einer gelungenen Vorstellung der Artisten und Tiere von ihren Freunden und Freundinnen.

Am folgenden Morgen gab es aber die größte Überraschung: Sophia wurde wie gewöhnlich von ihrer Mama geweckt und sah sich verdutzt in ihrem Zimmer um. Sie sah alle ihre Spielsachen in Wirklichkeit wieder, den Zirkus und die Tiere, die unbeweglich und klein darauf warteten, von ihr wieder in die Hand genommen und zum Spiel aufgebaut zu werden. Jetzt aber wusste sie, dass Ihre Tiere im Traum auch groß und stark sein können, und dass sie dann auch all ihren Freunden und Freundinnen und ihren Verwandten wieder begegnen könnte. Sie nahm sich fest vor, abends nicht mehr so oft darauf zu drängen, mit Oli oder Mama zu sprechen, um ja nicht einen schönen Traum zu verpassen. Und jetzt hatte sie für alle Fälle auch noch OPAS GESCHICHTE als feine Unterhaltung, wenn sie sich alleine fühlen sollte.

»Sophia«, sagte der Zirkusdirektor-Opa nun zum Schluss: »Mach schnell mal zur Probe Deine Augen zu und denk ganz fest an mich! Kannst Du mich in meinem roten Frack und Zylinder erkennen und sehen, dass ich Dich grüße?« Und solltest Du einmal ausnahmsweise gar nichts sehen, dann sei ganz sicher, dass Dein Opa aus Oppenweiler Dir jetzt freundlich winkt. Du könntest Dir wie im Traum auch vorstellen, dass es alle, die Du lieb hast, auch wenn Du von ihnen eine Weile getrennt bist, noch gibt. Auch wir, alle Deine Verwandten und Freunde, wissen, dass es Dich gibt. Wir wünschen Dir zusammen mit Deinen Eltern und Freunden in DEN HAAG eine gute Zeit und freuen uns auf ein baldiges Wiedersehen.

Für alle, die Dich lieb haben,
ein Druckerle von Opa Franz

Der alte Mann und die Frau

Gelegentlich begegne ich dem alten Mann, der aufrecht und nachdenklich seinen Weg geht. Seine erkennbaren körperlichen Beschwerden scheinen ihn nicht besonders zu beeindrucken. Blickt er mich mit seinem von Falten zerfurchten Gesicht, der markanten Nase, dem energischen Kinn und den leicht abstehenden, auf Empfang gestellten Ohren freundlich an, empfinde ich Sympathie und Respekt. Seine fragenden, zugewandten Augen, in denen Güte, Weisheit und Kraft aufleuchtet, fesseln mich immer wieder. Manchmal wirkt er, wenn er ruhig und bestimmt vorwärts schreitet, mitgenommen. Es entsteht aber nie der Eindruck, als könne er in schwierigen Zeiten seine Ziele aus den Augen verlieren. Mit einem Wort: Der alte Mann fasziniert mich. Er scheint ein gutes Herz zu haben. Bei unseren Begegnungen kann ich mich immer ein wenig an ihm aufrichten. Seine Erscheinung ermutigt ohne Worte. Ab und zu wirkt er in sich gekehrt, als ob ihn viele Gedanken bewegten. Ich frage mich immer mehr, was ihn beschäftigt, aus welchen Quellen er lebt und handelt, welche Ziele er verfolgt. Er könnte sicher manche Geschichte aus seinem Leben erzählen. Vielleicht lässt er sich bei unserer nächsten Begegnung ein wenig in seine Seele blicken.

Es überrascht mich nicht sonderlich, den alten Mann, der mich auf auf meiner Wanderung beschäftigt, nach einer Wegbiegung in der Ferne wirklich zu sehen. Wir sind offensichtlich in der gleichen Richtung unterwegs. Mir wäre es nie in den Sinn gekommen anzunehmen, es könne ihm in seinen Sportschuhen an Tempo gelegen sein. Im Gegenteil. Heute wirkt sein Gang beschwerlicher als sonst, müder, aber nicht kraftlos. Langsam, als sei jeder Schritt kostbar, geht er mit Hilfe von Stöcken vorsichtig voran. Der Rücken könnte ihm Beschwerden bereiten. Ab und zu wandern seine Blicke in die umgebende Natur, die gerade jetzt in der Sommerzeit wie eine reife Frau ihre volle Schönheit entfaltet. Die Felder, Wiesen und Wälder stehen stolz in der Pracht ihrer farbenfrohen Gewänder. Ich kann beobachten, wie der Alte die emsigen Bauern freundlich grüßt. Er scheint mit ihnen ebenso vertraut wie mit den Vögeln, der wärmenden Sonne, dem Plaudern des Baches, den leuchtenden Blumen und duftenden Gräsern am Wegrand. Der alte Mann scheint sich die Zeit zu gönnen, um all die Gaben des Sommers dankbar zu betrachten und die vielfältigen Stimmen der Natur zu genießen. Unvorstellbar für mich, ihn zu einer rascheren Gangart bewegen, zu wollen, denn das könnte ihn ja bei seinen »Geschäften« stören. Ganz sicher würde er eine solche Aufforderung ruhig und bestimmt mit der Bemerkung ablehnen, dass er schon oft in gleichem Schritt und Tritt gegangen und angehalten wurde, Tempo aufzunehmen, dies aber jetzt getrost Jüngeren überlassen wolle.

Wenn ich seine trotz des höheren Alters sportliche Gestalt vor mir sehe, legt sich der Gedanke nahe, dass ihm Bewegung von Kindesbeinen an vertraut ist. Es würde mich gar nicht sonderlich überraschen, wenn er mir ruhig und stolz erzählte, dass er auch heute noch jeden Tag Gymnastik treibe. Ob er Sportgeräte in seiner Wohnung hat? Überhaupt, wo und wie er wohnt, beginnt mich zunehmend zu interessieren. Ich halte ihn offen gestanden auch für einen Geistessportler und kann mir gar nicht vorstellen, dass er zu Hause ohne Bücher und Musik auskommt. In solchen Gedanken befangen kommen wir uns auf dem gemeinsamen Weg immer näher.

Mit raumgreifenden Schritten habe ich den alten Mann eingeholt. Es fällt mir wieder auf, dass er wenig daran interessiert scheint, sich ein attraktives jugendliches Aussehen zu geben. Er trägt, wie so oft, eine Cordhose und ein leichtes, blaues Wollhemd. Die locker das Haupt umspielenden, leicht schütteren weißen Haare harmonieren gut mit Blau. Heute lächelt er mich besonders einladend an. Dabei treten seine Lebensringe, die Gesichtsfalten, besonders deutlich hervor. Wie viele Jahre mochte er auf dem Buckel haben? Obwohl die faltigen Oberlider der Augen schwer auf die Wimpern drücken, behindern sie seinen freimütigen Blick nicht. Wird es heute zu einem Gespräch kommen? Ich war mehr als bereit dazu. Das zugewandte Antlitz ließ einiges erwarten.

Ich lasse die leichte Beklemmung und Unsicherheit, die mich, als wir neben einander gehen befällt, beiseite und biete ihm in der mir möglichen Offenheit ein freundliches »Grüß Gott!« an. Er wendet sich mir voll zu und antwortet mit seiner sonoren Stimme: »Grüß Gott, ein wunderschöner Tag! Sie sind auch schon unterwegs, wie die Bauern auf dem Feld, die zu diesen Wiesen und Äckern gehören«. Ich hatte mich nicht getäuscht. Er hatte tatsächlich mit den Bauern gesprochen und scheint sie gut zu kennen. Offensichtlich kommt er auch mir sehr entgegen. Der alte Mann scheint sich auf ein Gespräch mit mir zu freuen und sich dabei gut zu fühlen. Seine Hände und Arme sind von der Sonne gebräunt, das Gesicht leicht gerötet. Der Blick ist zugewandt auf mich gerichtet, als modelliere er meine Gestalt. Ich frage mich, wie alt er sei. Die gewinnende Wesensart und lebhaften Gesten, die seine Worte begleiten, erschweren es, mich auf eine Jahreszahl fest zu legen.

Ich gebe es schließlich auf, zu rätseln, wie ein Gespräch zwischen einem mehr als ein halbes Menschenleben Älteren und mir verlaufen könnte, welche Regeln da zu beachten wären und ob er an einem Gedankenaustausch mit mir Interesse haben könnte. Meinen ganzen Mut, die Distanz zu überbrücken, lege ich in die Worte: »Wir sind uns nun schon so oft begegnet und heute begrüßen Sie mich besonders einladend, so dass ich mir erlaube Sie zu fragen, ob wir nicht ein wenig gemeinsam wandern könnten.« Er schien meine Bitte erwartet zu haben und gab freundlich zur Antwort, er kenne mich auch nur vom Sehen, das müsse uns aber nicht hindern, zusammen ein wenig zu wandern und zu plaudern. Ihm sei im Moment danach. Der Bann war gebrochen, nun konnte mich nichts mehr hindern, mit dem alten Mann zu reden.

Er schlug vor, uns die Zeit zu lassen, um das auch mir sehr vertraute Tal hinauf durch den Wald den Berg hinan über Zell zurück nach Oppenweiler zu gehen. Ich gab mir Mühe, mich auf sein Tempo einzustellen. Nicht einfach für mich, da ich sehr wohl eine raschere Gangart gewöhnt bin. Er schien dies zu bemerken und sagte: »Ist es Ihnen unangenehm, langsam zu wandern?« Ich fühlte mich ein wenig ertappt, sah aber keinen Anlass, etwas zu verheimlichen und antwortete wahrheitsgemäß: »Ich gehe zwar allein viel schneller. Um mich mit Ihnen zu unterhalten, könnte ich mich aber auf ihren langsameren Schritt gut einstellen.«

Wir wanderten nun geruhsam den uns bekannten Weg zum Brückle und die Steigung hinauf in den Wald. Der alte Mann nahm mir die Bürde ab, das Gespräch zu beginnen und verwies auf seine beiden Stöcke: »Diese Hilfen benötige ich erst seit zwei Jahren. Nun wohne ich mit meiner Familie seit 25 Jahren hier in Oppenweiler. Den Weg, den wir zusammen gehen, bin ich früher im flotten Tempo gerannt. Mir ist fast jede Grasnarbe am Weg bekannt. Ich hatte mir damals mein Laufpensum in Intervalle eingeteilt. Es war mir wichtig, den Weg möglichst in immer kürzerer Zeit zu bewältigen. Ich stieg auch gern auf mein Rennrad, vergnügte mich beim Schwimmen, Tennisspiel und mit Wintersport. Gut dass ich das alles kenne, denn von all dem sind heute nur die tägliche Gymnastik und das geruhsame Wandern übrig geblieben. Es hat mich sehr gekränkt, als ich nach und nach alle mir lieben Sportarten nicht mehr ausüben konnte. Nun bin ich so weit, Ihnen und allen, die schneller gehen oder rennen können, dies Vergnügen von Herzen zu gönnen, denn ich entdeckte, dass ich beim langsamen Gehen sehr viel mehr erleben kann. Erst in diesem Jahr habe ich all das, was auf einem gemütlichen Spaziergang geschehen kann, in einer Geschichte erzählt.« Der alte Mann kam so richtig in Fahrt, als er von seinen vielen Sportarten schwärmte, die ihm offensichtlich früher Freude bereiteten. Er schien dabei gar nicht zu bemerken, dass uns beide mehr als ein halbes Menschenleben trennt. Dies ermutigte mich, ihm zu gestehen, dass ich mir bereits überlegt hätte, ob er sportlich interessiert sein könnte, und dass ich mich schon länger frage, wie alt er wirklich sein könnte. Er gab mir zur Antwort: »Mit 75 Jahren habe ich meine berufliche Tätigkeit beendet und die Praxis abgegeben. Nun bin ich seit 2 Jahren im Ruhestand und ununterbrochen dabei zu lernen, mit der zur Verfügung stehenden Zeit Sinn füllend umzugehen. Bei einer meiner mir sehr wichtigen Beschäftigungen, den Wanderungen um Oppenweiler herum, haben wir uns ja kennen gelernt.

Wenn Sie wollen, dann schenke ich Ihnen gerne meine Erzählung, damit Sie entdecken können, was dieser Weg mit dem Blick auf den Reichenberg und über Zell zurück im Wechsel der Jahreszeit zu bieten hat.« Ich war nun doch überrascht. Kaum zu glauben, dass dieser lebhafte und interessierte Mann schon 77 Jahre alt sein sollte. Für einen Moment wünschte ich mir selbst, einmal ebenso lebendig und bei Kräften zu sein, wenn ich so alt wäre. Ich gab ihm wahrheitsgemäß zur Antwort: »Ich hatte erwartet, dass Sie höchstens auf 75 Lebensjahre zugehen. Um so erfreulicher sei es, so miteinander reden zu können, als gäbe es keinen Altersunterschied zwischen uns. Ich spüre auch eine gewisse Ähnlichkeit zu Ihrer derzeitigen Neuorientierung: Seit Jahren bin ich in einem ständigen Lernen und stehe mit meinem Biologie- und Chemiestudium zur Zeit im Examen mit all seinen Unwägbarkeiten und den Problemen, die auch danach auf mich zukommen. Es gibt noch eine weitere Ähnlichkeit. Bei meinen zeitlich aufwendigen Studien komme ich selten zum Ausgleichssport. Es wäre schon viel gewonnen, wenn ich wie Sie täglich gymnastische Übungen durchführte. Ich nehme mir jetzt wieder fest vor, für sportliche Interessen mehr Zeit einzuplanen, damit ich mir später den Vorwurf ersparen kann, etwas versäumt zu haben.«

Das Eis war gebrochen. Das unterschiedliche Alter spielte nun keine Rolle mehr. Ich war wie befreit von einer Last. Der alte Mann hatte wirklich eine Fähigkeit, Distanz abzubauen, um ein offenes Gespräch zu ermöglichen. Er schien auch keine Scheu zu haben, mich als Gesprächspartnerin ernst zu nehmen. Im Gegenteil. Er empfand offensichtlich Vergnügen dabei, mit mir zusammen Erfahrungen auszutauschen. Das nun spürbare Vertrauen erlaubte mir eine weitere Frage zu stellen: »Ich habe mehrfach beobachtet, dass Sie mit den Bauern auf dem Feld reden. Es schien so, als ob Sie deren Tätigkeit zu schätzen wüsste.« Er schaute mich wohlwollend an und erklärte: »Das wäre eine längere Geschichte. Wenn sie wollen, dann schenke ich Ihnen die Erzählung, in der ich davon berichte, wie ich während des letzten Krieges bei meinen Verwandten auf dem Hotzenwald die Arbeit in der Landwirtschaft in Feld und Wald rund ums Jahr kennen lernte. Sie haben richtig beobachtet, ich schätze die fleißigen Bauern unserer Umgebung sehr und lasse keine Gelegenheit aus, sie das spüren zu lassen. Kenne ich doch die Mühen und Liebe zur Scholle aus eigener Erfahrung. Dies gilt übrigens für alle »Werktätigen« hier am Ort. Ohne die Menschen in den Betrieben, Büros, der Verwaltung, im Gesundheitswesen und den Behörden, ohne unsere Lehrer, Mütter, Putzfrauen und Müllmänner könnten wir nicht so leben, wie wir es heute gewohnt sind. Davon, schränkte er ein, steht aber wenig in den Gazetten. Und auch die Medien sprechen kaum von den Helden des Alltags, die sich engagiert in Staat und Gesellschaft einsetzen. Ich erschrak ein wenig bei dem Gedanken, dass so viele Menschen auch für mich tätig sind, an die ich bisher wenig dachte, und gab dann etwas betroffen zur Antwort: »Offensichtlich hatte ich Sie richtig eingeschätzt, denn ich bemerkte, wie freundlich Sie mit den Bauern sprachen. Dass Ihnen die vielen anderen Berufstätigen aber genau so wichtig sind, hat mich sehr berührt. Denn offen gestanden, darüber habe ich bisher wenig nachgedacht.« Der alte Mann verzog sein Gesicht zu einem gnädigen Schmunzeln und entgegnete: »Seien Sie unbesorgt, in Ihrem Alter, sie haben mir ja noch nicht gesagt, wie jung Sie wirklich sind, machte ich mir über manches, was mich später bekümmerte, ebenso wenig Gedanken. Da hatte auch ich andere Interessen. Sie haben ja noch ausreichend Zeit vor sich und sollten sich keine Vorwürfe machen.«

Der alte Mann stand für mich plötzlich nicht mehr auf einem Sockel. Wir begegneten uns auf Augenhöhe. Er verlor zwar einige Lorbeerblätter aus dem Kranz meiner Idealisierung, den ich ihm aufgesetzt hatte, gewann dafür aber umso menschlichere Züge. Offensichtlich brauchte auch er Jahre, um nicht nur weiße Haare, sondern auch Lebensweisheit zu bekommen. Wie tröstlich für mich. Ich gab zur Antwort: »Es ist schön zu wissen, dass ich neben dem Leistungsstress im Studium nicht auch noch in einen Wettkampf zur Aneignung von Weisheit einsteigen muss, und dass mir dazu mit meinen 25 Jahren – jetzt wissen Sie auch, wie alt ich bin – noch alle Zeit bleibt. Ich kann mir jetzt bei Begegnungen mit älteren Menschen, die ich gelegentlich bewundere, sagen, dass sie alle auch einmal jung waren. Noch mehr: Dass Älterwerden nicht dazu führen muss, jeglichen jugendlichen Elan und Charme zu verlieren. Eine durchaus tröstliche Vorstellung.«

Der alte Mann blieb unvermutet stehen, wirkte sehr nachdenklich und sagte: »Wissen Sie das mit jung und alt ist so eine Sache. Ich erinnere mich sehr gut an die Zeit, als ich mit 25 Jahren Stadtrat war und eine kleine Partei führte. Damals hatte ich mir – bildlich gesprochen – die Pantoffeln fest gefügter unveränderbarer Grundhaltungen eines Opas übergestreift. Demgegenüber bin ich heute bei festen Grundüberzeugungen in einer weltoffenen Haltung wieder jünger geworden. Es gibt offensichtlich alte Junge und junge Alte. Ein Grund mehr, um über die Altersgrenze hinweg miteinander im Gespräch zu bleiben. Übrigens geschieht das gerade eben in unserem Gespräch.« Dieser spontane Dialog mit dem jungen-alten Mann hatte es für mich in sich. Ich kannte Diskussionen über die »Älteren« in unseren Kreisen bisher nur unter der Fragestellung, welche Einschränkungen es für uns »Junge« bringen müsse, die immer größere Zahl der Rentenempfänger zu versorgen. Hier tauchte nun eine völlig neue Sicht der Begegnungen und des Austausches zwischen den Generationen auf. Ich gab zur Antwort: »Demnach gilt es zu prüfen, wer von den Alten oder Jungen die Pantoffeln festgelegter Meinungen in der jeweiligen Situation angelegt hat. Hoffnung macht mir allerdings der Gedanke, dass sich Vorstellungen ausgleichen und unter Umständen verändern lassen. Ich frage mich im Moment

auch, ob wir es uns gesellschaftlich auf Dauer leisten
können, auf die Lebenserfahrungen anderer oder älterer Menschen zu verzichten.«

Jetzt fiel mir der jung gebliebene Alte fast ins Wort mit
der Bemerkung:»Dies mit den Erfahrungen gilt sicher
auch in umgekehrter Richtung. Eine sehr wichtige Aufgabe beim Einstieg in den Ruhestand besteht darin, mit
den neuen Medien umgehen zu lernen. Ich muss ehrlich gestehen, dass meine Töchter den PC, das Handy,
Fernsehen, die Speichermedien und Digitalkameras
etc. beneidenswert gut zu nutzen verstehen. Es ist nicht
zu beschreiben, wie oft ich bei meinen ›Jungen‹ in die
Lehre ging, um nur einige der wichtigsten Funktionen
der Geräte zum Kontakt mit anderen Menschen zu erlernen. Ist es doch überlebenswichtig, zur Bewältigung
der vielfältigen gesellschaftlichen und wissenschaftlichen Aufgaben sich in einem lebenslangen Lernprozeß
auszutauschen. Ich bin Ihnen aber vorhin fast ins Wort
gefallen, wollte Sie jedoch in Ihrem Gedankengang
nicht völlig unterbrechen.« Ich gab zur Antwort:»Es
hat mich nicht sonderlich gestört, eher erfreut, zu hören, dass wir Jungen auch etwas zu bieten haben und
dass wir mit unseren Fähigkeiten gebraucht werden.
Ich kenne die Notwendigkeit zur Arbeit in der Gruppe und dem erforderlichen Informationsaustausch
sehr gut vom Studium her. Wir werden dort sorgfältig auf die Vernetzungen im beruflichen Umfeld und
die Teamarbeit vorbereitet. Weniger bekannt waren mir
bisher die Probleme des Ausstiegs aus dem Berufsleben

in den Ruhestand. Aber das hat ja noch seine Zeit.« Der junge-alte Mann entgegnete: »Wenn es unseren Spaziergang nicht zu sehr beeinträchtigt und Sie Interesse haben, erzähle ich Ihnen gern etwas von den Hauptproblemen beim Wechsel in den Ruhestand: Zunächst fällt beim Übergang in den Ruhestand der zuvor im beruflichen Alltag vorgegebene Zeitrahmen mit all den im Arbeitsumfeld gegebenen Kontakten weg. Es wird schmerzlich deutlich, wie sehr der Beruf nicht nur belastete, sondern auch geliebt wurde. Dieser Abschied und die Trennungserlebnisse können Trauer und depressive Verstimmungen auslösen. Dann sind Bewältigungsstrategien angesagt: Es gilt eine neue Struktur des Tagesablaufs mit Sinn füllenden Aufgaben in der verfügbaren Zeit aufzubauen. Gesundheitliche Beeinträchtigungen schränken den Verhaltensspielraum zusätzlich ein. Neue Kontakte und tragfähige Beziehungen zu Mitmenschen sind zu pflegen. Die Auseinandersetzung mit der letzten Lebensphase und den damit verbundenen Grenzen, letztlich dem unausweichlichen Tod, stehen auf der Tagesordnung. Hinzu kommen zunehmend Erlebnisse mit einer Vielfalt verinnerlichter Erfahrungen aus der eigenen Vergangenheit und einem Universum von Möglichkeiten im äußeren Umfeld. Dies alles ist verbunden mit gelegentlich starken Stimmungsschwankungen, notwendigen Begrenzungen und Entscheidungen. Es gilt zudem den eigenen Haushalt zu führen oder in Arbeitsteilung mit dem Partner neu zu definieren. Die Umstellung in den Ruhestand betrifft die ganze Person und erfordert stetige Anpassungsprozesse, um die eigene Identität immer wieder neu zu stabilisieren.

Es ergeben sich zudem bedeutsame Veränderungen in der Familienstruktur. Die eigenen Kinder gewinnen an Selbständigkeit. Beziehungsmuster zu Kindern und Enkeln sind neu zu definieren und müssen mit der eigenen Rolle als Großeltern harmonisiert werden. Die Gespräche mit Gleichaltrigen zum Austausch über die anstehenden Fragen gewinnen an Bedeutung. Bedürfnisse nach Erlebnissen in Kunst, Musik, Literatur, Wissenschaft und Politik sind mit anderen Erfordernissen des Alltages auszugleichen. Fragen der weltanschaulichen und religiösen Bindung, des eigenen Wertesystems, des Sinnes im Ganzen des Daseins und Erfahrungen des Verlustes von Personen durch Tod im Umfeld müssen verarbeitet werden. Hinzu kommt die Sorge um die Zukunft der Nachkommen, der Werteordnung in unserer Gesellschaft und die Sicherung der finanziellen Basis. Ein allzu sanftes Ruhekissen ist der »Ruhestand« nicht. Ich bin nun seit zwei Jahren nicht mehr im Beruf tätig, mit all diesen Fragen aber noch keineswegs im Gleichgewicht. Hierfür brauche ich sicher noch mehr Zeit. Es ist aber wichtig, darüber gelegentlich zu sprechen und es hat mir sehr wohl getan, Sie mit diesen Andeutungen der Probleme des Übergangs in den Ruhestand nicht erkennbar überfordert zu haben. Es ist von mir geplant, diesen Kontext noch einmal in einem Essay für Betroffene zu untersuchen und ausführlicher darzustellen.«

Ich musste während der engagierten Erzählung des jungen-alten Mannes mehrmals tief durchatmen, hätte Fragen stellen, Einzelheiten erfahren wollen, hatte aber nicht den Mut, ihn zu unterbrechen, denn ich bemerkte, wie bedeutsam dies alles für ihn ist. Da sprach kein dem Leben abgewandter alter Mann, sondern ein engagierter Mensch, der mit wachem Bewusstsein die ihm altersgemäß gestellten Aufgaben zu bewältigen sucht. Ich fühlte mich ihm sehr nahe, denn in meiner anders gearteten Lebenszeit stellen sich auch mir eine Fülle von Fragen, die nicht nur das Studium, sondern auch die Lebensgestaltung unter sich stetig ändernden Umgebungsbedingungen betreffen. Ich erkannte im Gespräch mit dem alten Mann wieder verstärkt, dass wir auf allen Ebenen unserer Gesellschaft mehr mit einander reden sollten, nicht nur um unser Wissen zu erweitern, sondern um uns gegenseitig bei der Bewältigung der Lebensprobleme beizustehen. Das Gespräch mit dem jungen-alten Mann bestärkte mich in der Hoffnung, dass wir alle von einem Austausch unserer Erfahrungen profitieren könnten.

Ich bemerkte hierzu: »Es ist Ihnen sicher nicht entgangen, dass wir auf unserer gemeinsamen Wanderung gerade eben wieder eine Weile stehen geblieben sind. Ihre Ausführungen waren so spannend. Ich war verschiedentlich versucht, nachzufragen. Das muss aber auf diesem unserem heutigen Spaziergang nicht mehr geschehen. Ich danke Ihnen sehr für Ihr Vertrauen, mir das alles zu erzählen. Nie habe ich Sie in diesem Gespräch in einem belehrenden, mich beschämenden Tonfall erlebt. Ich sah mich eher als Ihre Gesprächspartnerin, mit der es sich auch für Sie lohnte, sich mit mir zu unterhalten. Wann und wie es aus diesem Gespräch konkrete Ansatzpunkte gibt, von denen ich profitieren kann, ist im Moment noch nicht zu erkennen. Die Vorstellung vom alten Mann und meinen Möglichkeiten als junger Frau hat sich aber geändert. Ich kann mir nach diesem Gespräch eher vorstellen, dass wir alle von einander lernen können. Es gibt für mich nicht nur Konflikte zwischen jungen und alten Menschen, sondern auch die Chance zu einem allen Beteiligten gewinnbringenden Dialog, getragen von gegenseitigem Respekt und Achtung.

Ich schlage vor, die verbleibende Wegstrecke schweigend miteinander zu gehen. Und sollte noch eine Frage auftauchen, dann mag sie ruhig ausgesprochen werden. Aber einen Wunsch habe ich: »Ich möchte bei passender Gelegenheit mit Ihnen wieder einmal um Oppenweiler herum wandern.« Der junge-alte Mann schaute mich sehr freundlich an sagte nur: »Danke, ich bin mit Ihrem Vorschlag einverstanden.« Innerlich »Hand in Hand« gingen wir beide schweigend weiter. Ich bat ihn beim Abschied, nicht zu vergessen, mir die versprochenen Erzählungen zu geben. Er sagte erfreut zu.

Der Birnbaum

Kein Laut ist zu vernehmen an diesem Morgen im November. Mensch und Natur gönnen sich eine Auszeit. Nichts stört das Schweigen. Die Stille erfasst auch mich. Durch die kahlen Bäume sind deutlich die verschlafenen Nachbarhäuser zu sehen. Es fehlt jede Spur eines Windhauches. Nur spärlich vorhandene, spätherbstlich-goldbraune Blätter, hängen schlaff und regungslos an den Ästen. Tief am Horizont, hinter Wolkenbänken versteckt, lässt die neblig leuchtende Sonne die Konturen entlaubter Bäume kräftig hervortreten. Ihr schräges Licht fällt in unser Wohnzimmer, zaubert edlen Glanz auf die silberne Teekanne und belebt ab und zu im Spiel mit dem Schatten unsere Wohnung.

Wie im Rahmen eines Bildes, richtet sich vor mir, beim Blick durch das Fenster, majestätisch der hohe, ausladende Birnbaum auf. Er steht an der Grenze unseres Grundstückes zur Klinge hin, die uns immer frische Luft zufächert. Nur die Birke mit ihrem weiß-grauen, schartigen Stamm ist annähernd gleich hoch. Sie gibt ihr Herbstkleid noch nicht preis und steht in reichlich bräunlich-grünem Blattwerk. Die schlanken Fichten zu ihrer Seite lassen lediglich an den überreifen krummen Zapfen die Jahreszeit erkennen. Sie legen keinen großen Wert auf Veränderung und halten jahrein jahraus

an ihren dunkel- und hellgrünen stacheligen Zweigen
fest. Zu Füßen des Birnbaums reihen sich, der Grenze
entlang, wie Kinder im Reigen, herbstfarbene Büsche.

Im Gegenlicht treten die Konturen unseres »Nachbarn«
besonders deutlich hervor. Fest verwurzelt, Wind und
Wetter trotzend, teilt sich der kräftige Stamm in einem
formenreichen, bizarren Spiel, bis ins zarte äußerste Ge-
äst. Wie eine Skulptur in ihrer nackten Schönheit steht
er entblättert vor meinen Augen. Staunend frage ich
mich, welcher Künstler dieses vielgestaltige Astwerk
auch nur annähernd darstellen könnte. Nun ist mehr
als deutlich zu erkennen, dass er schon lange, wer weiß
wie lange, seinen Platz behauptet, denn eine grüngraue
Moosschicht bedeckt an der Wetterseite den kräftigen
Stamm und die stabilen Äste bis hinauf in den Wip-
fel. Erhaben, stolz steht er in seiner stillen Würde auf
dem ihm eigenen Boden. Nur ab und zu bekommt der
Birnbaum Besuch von einer Elster und einem Sperling.
Dann zittern Zweige aufgeregt bei der Landung und
winken den Freunden beim Abflug leise nach. Wenn
ich unseren Nachbarn in einer gedachten Linie um-
grenze, ist unschwer zu erkennen, dass er ein wahrer
Birn- und kein Apfelbaum ist. Wer wollte ihm diesen
Anspruch streitig machen?

Er war vor uns da. Seit einiger Zeit dürfen wir uns an
seinem übers Jahr wechselnden Liebreiz erfreuen: Im
Frühling hüllt er sich in ein weißes Blütenmeer, im Sommer spendet er Schatten, im Herbst einen unerschöpfli-

chen Reichtum an Früchten. Danach zeigt er uns seine
markante Statur.

Er wird den Herbstwinden trotzen, diesen Winter überstehen und uns in unterschiedlicher Gestalt auch im
nächsten Jahr an die Beständigkeit in aller Veränderung
erinnern. Vielleicht freut sich unser stummer Freund
ein wenig darüber, wenn wir ihn nicht übersehen und
davon erzählen, wie reich er uns beschenkt. Wir dürfen
mit seiner Verschwiegenheit rechnen. Er wird alle Worte in seinem »Herzen« bewahren und hoffentlich auch
die Menschen erfreuen, die nach uns kommen.

Ich schenke ihm die letzte wunderschöne Rose unseres
Gartens.